ALTDEUTSCHE TEXTBIBLIOTHEK

Begründet von Hermann Paul
Fortgeführt von Georg Baesecke
Herausgegeben von Hugo Kuhn

Nr. 89

ULRICH VON TÜRHEIM

Tristan

Herausgegeben
von
Thomas Kerth

MAX NIEMEYER VERLAG TÜBINGEN
1979

Thomas and Anna Mae Kerth
Charlotte Kerth Sutheimer
Lillian Kerth King

CIP-Kurztitelaufnahme der Deutschen Bibliothek

Ulrich ⟨von Türheim⟩:

Tristan / Ulrich von Türheim. Hrsg. von Thomas Kerth. –
Tübingen : Niemeyer, 1979.
  (Altdeutsche Textbibliothek ; Nr. 89)
  ISBN 3-484-20107-X kart.;
  ISBN 3-484-20106-1 Lw.

Geb. Ausgabe   ISBN 3-484-20107-X
Kart. Ausgabe ISBN 3-484-20106-1

Inhaltsverzeichnis

Vorwort

Für die erste Kollation der *Tristan*-Handschriften standen mir Mikrofilme zur Verfügung. Eine zweite Kollation in den betreffenden europäischen Bibliotheken durfte ich im Rahmen eines Forschungsjahres mit der Unterstützung des Deutschen Akademischen Austauschdienstes 1975 ausführen.

Die Ausgabe ist auf Anregung meiner verehrten Lehrerin Professor Ingeborg Glier entstanden, der ich für alle Vorschläge und Ermunterung sehr dankbar bin. Mein Dank gilt auch dem Herausgeber Professor Hugo Kuhn für seine kritisch konstruktiven Hinweise. Bei der Vorbereitung des Manuskripts haben Waltraut Lehmann, Frank Lehmann, Johannes Strohschänk und Walter Stutzman mitgewirkt.

<table>
<tr><td>Hamilton College
Clinton, New York</td><td style="text-align:right">Thomas Kerth</td></tr>
</table>

Einleitung

Mit dieser ersten kritischen Ausgabe, die an die Stelle der nicht wieder abgedruckten Maßmann-Ausgabe treten soll, wird der für die Tristan-Forschung so wichtige Text des Ulrich von Türheim als Vertreter der mhd. Epigonenzeit der wissenschaftlichen Arbeit zugänglich gemacht. Das Bedürfnis nach einer neuen Edition entsprang freilich kaum dem bloßen Interesse für den nicht allzutiefen geistigen Gehalt der Ulrichschen Fortsetzung. Ihre eigentliche Bedeutung für die mhd. Literaturgeschichte verdankt sie vielmehr ihrem intimen Verhältnis zum vielleicht wichtigsten und immer noch kontroversen Beispiel des höfischen Epos, dem *Tristan* Gottfrieds von Straßburg. In Ulrichs *Tristan*-Fortsetzung, die weitgehend auf den *Tristrant* Eilharts von Oberge aufbaut, weicht die hohe Begriffsphäre Gottfrieds dem anspruchslosen Niveau einer übertriebenen, in nahezu derbspielmännischer Art dargestellten Sexualität. Schon aus diesem Grund widerfuhr dem Gedicht bereits in den frühen Jahrzehnten der modernen philologischen Forschung eine zum großen Teil berechtigte Geringschätzung. Lange blieb es wissenschaftlich unbeachtet, oder wurde bestenfalls mit einigen mißbilligenden Worten zurückgewiesen.

Die erste Ausgabe der *Tristan*-Fortsetzung wurde 1821, gemeinsam mit dem *Tristan* Gottfrieds, durch E. v. Groote bewerkstelligt. Der Apparat bestand lediglich aus unvollständigen Belegen der Hss. *BNR*, sowie vereinzelten Verweisen auf die älteste *Tristan*-Hs. *M*, die v. Groote allerdings nur durch die brieflichen Mitteilungen Docens kannte. Von der Hagen folgte 1823 mit einem diplomatischen Abdruck der Heidelberger Hs. *H*. Seit 1843 wurde die Maßmann-Ausgabe als endgültig anerkannt, obwohl auch sie nur einen lückenhaften Apparat aufweist, abgesehen von den zahllosen Druckfehlern im Text.

John Campion versuchte 1917 in seiner Johns Hopkins (Baltimore, U.S.A.) Dissertation, unter Heranziehung der Ergebnisse der damals noch sehr lebendigen Diskussion um die sog. Lachmannsche Methode der Textkritik, das Stemma der Fortsetzung herzustellen. Hierzu edierte er jedoch nur die ersten 500 Verse, wobei sich der Wert dieses bescheidenen Beitrags noch dadurch verringert, daß Campion keine einzige Handschrift selbst eingesehen hatte. Sein ganzer Apparat besteht aus Reifferscheids Kommentar zu den v. Groote- und Maßmann-Ausgaben. So bemerkt auch

VIII

Burghart Wachinger[1] mit vollem Recht, daß eine kritische Ausgabe der
Tristan-Fortsetzung Ulrichs v. Türheim längst fällig sei.

Die Handschriften.[2]

M. München, Bayerische Staatsbibliothek. Cod. germ. mon. 51.
Zweites Viertel des 13. Jh.[3] Pergament 4°. 109 Bll.[4] Eine Hand,[5] mit der

---

1   B. Wachinger, Zur Rezeption Gottfrieds von Straßburg im 13. Jahrhundert,
     in: Deutsche Literatur des späten Mittelalters. Hamburger Colloquium 1973,
     Berlin 1975, S. 63, Anm. 18.

2   Eine detaillierte Beschreibung der Hss. habe ich in meiner masch. Diss., Ul-
     rich von Türheim's *Tristan*: A Critical Edition, Yale University 1977, S. 21-47,
     aufgeführt. Vgl. dazu Karl Marold, Gottfried von Straßburg. Tristan (Teutonia
     6), Leipzig 1906, Neudruck mit verbessertem Apparat und einem Nachwort
     von Werner Schröder, Berlin 1969, S. viii ff; Peter Jörg Becker, Handschriften
     und Frühdrucke mittelhochdeutscher Epen, Diss. Trier, Wiesbaden 1977, S.
     35-49. Bibliographische Hinweise zu den einzelnen Hss. gibt Hans-Hugo Stein-
     hoff, Bibliographie zu Gottfried von Straßburg, Berlin 1971, S. 16 ff.

3   Zur Datierung: Friedrich Wilhelm, Zur Herkunft der Münchener Tristan-Hs.,
     Münchener Museum 3 (1918), S. 30 (zwischen 1250-1270); Fred Brosig, Il-
     lustrierte deutsche Epen des 13. Jahrhunderts. Eneit–Parzival–Tristan, Diss.
     München 1923, S. 64 (zw. 1228-1236); Paul Gichtel, Die Bilder der Münche-
     ner Tristan-Handschrift. Eine Bestandsaufnahme, in: Buch und Welt. Fest-
     schrift für Gustav Hofmann, Wiesbaden 1965, S. 395 (um 1240).

4   Hinter Bl. 71 und Bl. 100 fehlt je eine Lage, worauf ein Vermerk am unteren
     Blattrand hinweist.

5   Von Lachmann schon erkannt als die erste Hand (Bl. 1ra-32va) der *Parzival*-
     und (Bl. 71ra-74^{rc}) *Titurel*-Hs. Cgm 19. Der Schreiber bleibt ungenannt; Ran-
     ke (Die Überlieferung von Gottfrieds Tristan, ZfdA 55 [1917], S. 415) hielt
     als Leiter der betreffenden Schreibstube den Meister Hesse von Straßburg für
     wahrscheinlich, eine Ansicht, die lange Zeit in der Gottfried- und Wolfram-
     Forschung vorherrschte. DeBoor vertritt sogar die Auffassung (Geschichte der
     deutschen Literatur, München 1953, II, 187 f.), Meister Hesse habe als „trei-
     bende Kraft" hinter der Ulrichschen Fortsetzung gestanden. Gesa Bonath hat
     in ihrer Hamburger Diss. (Untersuchungen zur Überlieferung des Parzival Wolf-
     rams von Eschenbach, 2 Bde., Lübeck 1970-71, I, 28 ff.) die Beweisführung E.
     Stadlers und Rankes überzeugend widerlegt, indem sie aufgrund von Hand-
     schrift-Untersuchungen zeigt, daß Rudolf von Ems in seiner Huldigung des
     Meister Hesse (*Willehalm v. Orlens* 2279-2289) keineswegs den Schreiber von
     M und Cgm 19 habe meinen können. S. auch die Diskussion von Hella Früh-
     morgen-Voß, Mittelhochdeutsche weltliche Literatur und ihre Illustration.
     Ein Beitrag zur Überlieferungsgeschichte, in ihrer: Text und Illustration im
     Mittelalter. Aufsätze zu den Wechselbeziehungen zwischen Literatur und
     Kunst, hrsg. v. Norbert Ott (MTU 50), München 1975, S. 17-20.

Ausnahme von Bl. 102rb (Vv. 2639-2667) und Bl. 105rb (Vv. 3089-3094).
Zweispaltig, zu je 44-51 Zeilen. Verse bis auf wenige Ausnahmen abgesetzt
und durch Punkte getrennt. Jede Blattseite weist drei gold-rot-blaue Un-
zialen auf, die das Schriftbild durch farbige Diagonale verzieren.[6] 118 ,,in-
haltlich abgeschlossene, selbstständige Bildszenen"[7] mit später eingetrage-
nen erläuternden Aufschriften.

Provenienz:	Seit 1582 in der Bibliothek Albrechts V. nachweisbar. Frühere Besitzer sind vermutlich Georg von Waldeck, 1367-1386 Viztum des Amtes Niederbayern, und vielleicht auch die sonst unbekannte Gertrud Korschuler.[8]
Mundart:	alemannisch.
Inhalt:	
1. Bl. 1ra-99rb	Gottfrieds von Straßburg *Tristan*, mit einer Textlücke von 1475 Versen.
2. Bl. 99rb-109ra	Ulrichs von Türheim *Tristan*-Fortsetzung, mit einer Textlücke von 2124 Versen (Vv. 461-2584).

H. Heidelberg, Universitätsbibliothek. Cod. pal. germ. 360.
Ende des 13. Jh. Pergament 4°. 153 Bll., nach der Zählung der Hs. 154,
doch ist die Zahl 100 übersprungen. Bl. 3 ein halbes Bl. Bll. 1*-2*, 154*–
156*, Papier, leer. Eine Hand, mit der des Cpg 349 (Freidanks *Beschei-
denheit*) identisch; die beiden Hss. gehörten ursprünglich zusammen. Zweispaltig, zu je 36 Zeilen. Verse abgesetzt und alle Anfangsbuchstaben rot
verziert. Abschnittsgliederung durch rote Unzialen, kleinere Einschnitte
durch Absatzzeichen bezeichnet. Nicht illustriert.

Überschrift:	*Tristrant* (Bl. 1, oben).
Provenienz:	Seit 1553 in der Bibliothek des Kurfürsten Otto Heinrich (1502-1559) nachweisbar. 1623 in der palatinischen Bibliothek zu Rom. 1816 an die Universitätsbibliothek zurückerstattet.
Mundart:	alemannisch mit md. Färbung.
Inhalt:	
1. Bl. 1ra-128va	Gottfrieds *Tristan*
2. Bl. 128va-152vb	Ulrichs *Tristan*-Fortsetzung

---

6   Vgl. Marold, S. ix und Ranke, ZfdA 55 (1917), S. 204 ff.
7   Gichtel, S. 396. S. auch Brosig, S. 64-69.
8   Bl. 109ra: *Jeorij walldekk^{s}ij*; Bl. 109rb: *Auf mein end Gerdrud korschuler*.

3. Bl. 153ra-154vb Sprüche aus Freidanks *Bescheidenheit* (Grimm, 1,1-14,23).[9]

B. Historisches Archiv der Stadt Köln. W* kl. f° 88.

1323 (datiert S. 263 [Bl. 132[v]]). Pergament. 132 Bll., 1*–2*, 133*, nicht numeriert und außer Federproben leer; ab Bl. 1[r] durchgehend mit Seitenzahlen (1-263) versehen, nach denen die Forschung zitiert. Zweispaltig, zu je 40 Zeilen. Verse ab Bl. 1[r], Zeile 4, abgesetzt. Abschnittsgliederung durch abwechselnde blaue und rote Unzialen, kleinere Einschnitte durch Absatzzeichen markiert, die auch als Anführungszeichen dienen. Zwei Initialen mit Arabesken reichhaltig verziert, das *G* (S. 1,1) und das *U* zu Beginn der Fortsetzung (S. 234[a],9). 9 Bilder.[10]

Überschrift: *hie beginnet der nuwe tristan* (S. 1[a]).

Datierung: *Finita sunt hec anno domini / millesimo Trecentesimo vicesi / mo t[S]tio jn vigilia b[ea]tī bartho / lomei apostoli* (S. 263).

Schreibereintrag: *Wünschent dat d[S] schriv[S] willekin*
beschirmet müze iemer sin
vor der hellen gr[o]ve
wan er ist ein sündlich b[o]ve
gewesen uf van kinde
dat er die sere minde
die uf in ahte kume ein drec
do we[S] er wal ein seyverbec   (S. 263).

Provenienz: Gehörte der Bibliothek der Grafen Manderscheid auf ihrem Schloß zu Blankenheim/ Eifel.[11] 1794 von den Franzosen geraubt und nach Paris gebracht. 1815 im Besitz E. v. Groo-

---

9 Ausgaben: W. Grimm, Freidank, Göttingen 1834, [2]1860; H. E. Bezzenberger, Freidankes Bescheidenheit, Halle 1872.

10 Zwei der neun Bilder stellen Szenen aus der Fortsetzung dar: vor V. 2785, wie Tristan als Narr den falschen Pleherin erschlägt (S. 254[a]); vor V. 3671, wie Tristan und Isolde im Grabe liegen (S. 263[a]). Marold, S. xlii, erwähnt nur sieben Bilder, da er sich auf den Gottfriedschen Teil bezieht.

11 Ein Spruchband mit den Majuskeln *MAN*, vermutlich als die Anfangsbuchstaben des Namens Manderscheid zu lesen, darüber die Jahreszahl 1438 (S. 265), und ein jetzt verschollenes Wappen des gräflichen Geschlechts am Schluß der Hs. (mitgeteilt von E. v. Groote, Tristan von Meister Gotfrit von Straszburg, mit der Fortsetzung des Meisters Ulrich von Türheim, Berlin 1821, S. lxvii) weisen darauf hin. Die Bedeutung eines zweiten Spruchbandes (auch S. 265), mit den Majuskeln *VVDLYWYZAF* (=Ulrich Weinzapf, Marold, S. xli) versehen, und der damit umwundenen Jahreszahl 1477 bleibt noch unklar.

tes. 1864 von ihm dem Archiv der Stadt Köln vermacht.

Mundart: mittelfränkisch.

Inhalt:

1. S. 1ª-234ª Gottfrieds *Tristan*

2. S. 234ª-263ᵇ Ulrichs *Tristan*-Fortsetzung

N. Berlin, Staatsbibliothek Preußischer Kulturbesitz (ehem. Preußische Staatsbibliothek). Ms. germ. quart. 284.

XIV. Jh. Pergament. 198 Bll. Bl. 1*−2* Papier, Wasserzeichen: Adler. Bl. 62ᵛᵇ und Bl. 63ʳᵃ,ᵛᵇ, je sechs Zeilen durch Reagenzien teilweise unleserlich geworden.[12] Eine Hand. Zweispaltig, zu je 38-42 Zeilen. Verse abgesetzt, der Anfangsbuchstabe jeder Zeile ausgerückt und durch einen senkrechten roten Balken verziert. Abschnittsgliederung durch rote Unzialen, Personen- und Ortsnamen durch eine rote Majuskel markiert. Bl. 198ᵛ enthält Federzeichnung des von der Fortuna in Gang gesetzten Glücksrades.[13]

Überschrift: *chronicon ab initio mundi usqui ad mortem regis odaker ...*
Item Historia Tristan & Isaldis (Bl. 1ʳ).

Provenienz: Gehörte der Bibliothek der Grafen Manderscheid: auf Bl. 1ᵛ der Bibliotheksvermerk, *Bibliotheca Blankenh.* Ca. 1801-1815, Bibliothèque Nationale zu Paris.[14] Seit 1815 in Berlin.

Mundart: ripuarisch.

1. Bl. 1ʳᵃ-53ᵛᵃ Sächsische Weltchronik[15]

2. Bl. 53ᵛᵃ-64ʳᵃ Minnereden und -allegorien

3. Bl. 64ʳᵃ-189ᵛᵃ Gottfrieds *Tristan*

4. Bl. 189ᵛᵃ-198ʳᵃ Ulrichs *Tristan*-Fortsetzung bis V. 2511.

R. Brüssel, Bibliothèque Albert Iᵉʳ (Bibliothèque royale de Belgique). MS. 14697.

---

12 S. von Grootes Eintrag, Bl. 2ᵛ.

13 S. dazu Wilhelm Wackernagel, Das Glücksrad und die Kugel des Glückes, ZfdA 6 (1848), S. 138. 14 Bibliotheksvermerk, Bl. 198ᵛ.

15 Ausgaben: Gustav Schöne, Hrsg., Die Repgauische Chronik, Elberfeld 1859; H. F. Maßmann, Hrsg., Das Zeitbuch des Eike von Repgow (BLV 42), Stuttgart 1857. Für eine Beschreibung der Hs. mit detaillierten Literaturangaben, s. Hubert Herkommer, Überlieferungsgeschichte der ‚Sächsischen Weltchronik,‘ (MTU 38), München 1972, bes. 78-83.

16 Nach Camille Gaspar und Frédéric Lyna, Les Principaux Manuscrits à Peintures de la Bibliothèque royale de Belgique, Paris 1937-45, II, 95, um 1435.

XV. Jh.[16] Papier, kl. f°. Wasserzeichen: Ochsenkopf.[17] 597 Bll.; am Anfang und Ende unvollständig: die letzten 66 Verse der Fortsetzung fehlen. Zwischen Bl. 411 und Bl. 412 wurde ein Bl. (Abbildung mit Überschrift und 11 Verse) herausgerissen. Eine Hand, aus der Werkstatt Diebold Laubers zu Hagenau.[18] Einspaltig, zu 21-24 Zeilen. Verse abgesetzt, Anfangsbuchstaben rote Majuskel. Die 182 Kapitel durch rote Überschriften, römische Zahlen, und Unzialen markiert. 91 Bilder, von Kautzschs sog. Meister B gezeichnet.[19] Die zwei Bilder der Fortsetzung heißen: *Clxxviii Also der smit die slússel brochte die er in ein wahsz gedrucket hette do mit keidin heimlich solt zů siner amyen komen* (Bl. 584^v vor V. 3103); *Clxxx Also der Ritter Keidin erslagen wart von der frouwen wegen die er bulet* (Bl. 589^v, vor V. 3301).

Provenienz:	Gehörte der Bibliothek der Grafen von Birresheim zu Koblenz. Nach dem Tod von Franz Ludwig im Besitz des Enkels seiner Schwester, des belgischen Grafen Clement Wenceslaus de Renesse-Breidbach (1776-1833). Nach dessen Tod in Antwerpen versteigert. Um 1867 in der Bibliothek zu Brüssel.[20]
Mundart:	elsässisch.

Inhalt:

1. Bl. 1^r-8^v	Inhaltsverzeichnis
2. Bl. 10^r-509^v	Gottfrieds *Tristan*

17 Betty C. Bushey, Hrsg., Tristan als Mönch (Göppinger Arbeiten 119), Göppingen 1974, S. 10, bemerkt, daß die erste Lage (bis S. 9, Inhaltsangabe) sich von den anderen darin unterscheidet, daß sie ein anderes Ochsenkopf-Wasserzeichen aufweist, welches keine Ähnlichkeit mit dem sonst üblichen Picard Nr. I-218 (datiert 1499, Hohenrechberg) zeigt. Von Groote zitiert Mone, der berichtet, die Hs. sei auf dasselbe Papier und mit gleicher Schrift geschrieben wie der Heidelberger *Parzival*, Cpg 339, Nr. 167 im Hss.-Katalog von Bartsch, mit der Sigle *d* nach Lachmann und *n* nach E. Martin bezeichnet. Es ist mir nicht möglich gewesen, die Wasserzeichen selbst zu vergleichen.

18 Literatur: Rudolf Kautzsch, Diebold Lauber und seine Werkstatt in Hagenau, Zentralblatt für Bibliothekswesen 12 (1895) 1-32, 57-113.

19 Eine Charakterisierung seiner künstlerischen Tätigkeit findet sich bei Kautzsch, S. 72 ff., und bei Gaspar und Lyna, II, 94 f. Außer dieser Hs. hat er nur die Kölner Bibel und Band II einer deutschen Bibel illustriert.

20 Da die Hs. selber keine alten Bibliotheks- oder Eigentumsvermerke aufweist, ist es auch nicht mit Wahrscheinlichkeit anzunehmen — so wie Marold es tat — daß diese Hs. sich ursprünglich in der Blankenheimer Bibliothek befunden hat. Eine Blankenheimer Herkunft für diese wie auch für eine zweite Hs. der de Renesseschen Bibliothek (Brüssel, MS 14689-691) wird gleichfalls von Werner Fechter, Der Kundenkreis des Diebold Lauber, ZfB 55 (1938), S. 127, erwähnt.

3. Bl. 510^r-578^v   *Tristan als Mönch*[21]
4. Bl. 578^v-597^v   Ulrichs *Tristan*-Fortsetzung.

P.[22] Berlin, Staatsbibliothek Preußischer Kulturbesitz. Ms. germ. fol. 640. 1461 (datiert Bl. 164va). Papier. Wasserzeichen: Ochsenkopf (ähnlich Briquet Nr. 14 970),[23] fehlt Bl. 163-164. 164 Bll. Bl. 165*−167*, Papier, leer. Eine Hand. Zweispaltig, zu je 32-42 Zeilen. Verse abgesetzt. Abschnittsgliederung durch rote bzw. grüne Initiale. Nicht illustriert.

Schreibereintrag:	*Ditz büch ward usz geschriben an güttem / tag nechst vor Sant kathtereinen / der lieben Jünckfrawen tag Als man / zalt von cristi gepürtt viertzehundert / Sechtzig und ain Jare von wälthterin / Schönwalthtern von marppach dem jüngen* (Bl. 164va).
Provenienz:	Gehörte der Bibliothek des Karl von Meusebach (1791-1847). Seit 1850 in der Berliner Bibliothek.[24]
Mundart:	schwäbisch.
Inhalt:	
1. Bl. 1ra-139rb	Gottfrieds *Tristan*
2. Bl. 139rb	Ulrichs *Tristan*-Fortsetzung, Vv. 1-14
3. Bl. 139rb-164ra	Eilharts von Oberg *Tristrant* ab V. 6103[25]

S. Hamburg, Staats- und Universitätsbibliothek. Cod. ms. germ. 12. 1722. Nach schriftlicher Mitteilung der Staats- und Universitätsbibliothek vom 24.5.73 ist die Hs. mit der Auslagerung im II. Weltkrieg verschollen.

Das Verwandtschaftsverhältnis der Handschriften.

Schon die erste Gruppierung der Hss. nach den gemeinsamen Lücken[26] läßt zwei Hs.-Familien feststellen: *MBN* und *HR*. Diese Gruppierung wird

---

21   Ausgaben: Hermann Paul, Hrsg., Tristan als Mönch, Heidelberg 1895 (SB Bayer. Ak. 1895); Betty C. Bushey, s. o. Anm. 17.
22   In der Eilhart-Forschung unter der Sigle *B* bekannt.
23   Hadumod Bußmann, Hrsg., Eilhart von Oberg. Tristrant, Synoptischer Druck der ergänzten Fragmente mit der gesamten Parallelüberlieferung (ATB 70), Tübingen 1969, S. xxxvi.
24   Bibliotheksvermerk auf der Innenseite des Vorderdeckels.
25   Ausgaben: Franz Lichtenstein, Eilhart von Oberge (Quellen und Forschungen 19), Straßburg 1877; Bußmann, s. o., Anm. 23.
26   Ranke, ZfdA 55, S. 206.

auch durch das Fehlen gemeinsamer Wörter sowie durch die gemeinsame Umstellung von Wortgruppen innerhalb des Verses bestätigt. Rankes Stemma zu Ulrichs Gedicht betont die Einheit der Furkation, obwohl gemeinsame Lesungen *BN:MH* ihn dazu veranlaßten, einen verlorengegangenen Vermittler zwischen *M* und *BN* zu erschließen:[27]

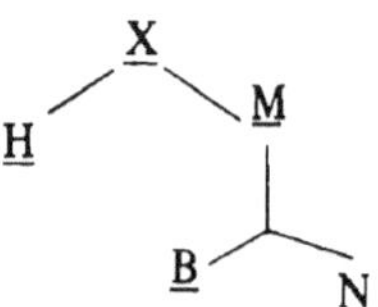

Folgende von Ranke ausgewählte Beispiele erweisen die nähere Verwandtschaft von *BN* gegenüber *M*: 16 sîn lebende tage *HM* : s. lebe dage *BN*, 20 hin(e) *HM* : *fehlt BN*, 204a diz *M* : dat *BN*, 222 die wol getageten maget *M* : d. w. gedane m. *BN*, 335 owî *M* : owe *BN*, 346 gewelticlîch *HM* : gewaltich *BN*, 349 innerhalp *HM* : (in)binnen *BN*, 406 sô *HM* : do *BN*.[28]

Herold und Ranke behaupten, die Hss. *BN* seien Kopien von *M*, der ersten Niederschrift, in der Gottfrieds sowie Ulrichs Gedicht „eine durchgreifende Umarbeitung nach dem Muster Hartmanns ... durchgemacht" hat.[29] Campion dagegen betonte aber die nähere Verwandtschaft von *MB* gegenüber *N*:[30]

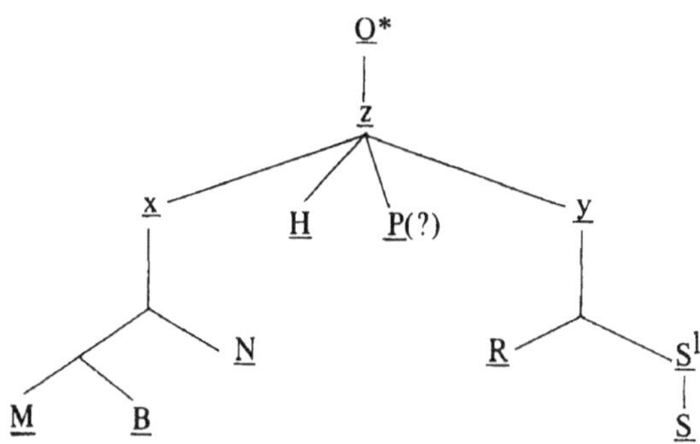

---

27   Da Hs. *P* schon ab V. 13 ausscheidet, kann ihre Verwandtschaft zu den übrigen Hss. nur auf höchst konjekturale Weise festgestellt werden, vgl. Campions Stemma unten.

28   Ranke, S. 241.

29   Kurt Herold, Der Münchener Tristan, (QF 114), Straßburg 1911, S. 3.

30   John L. Campion, Das Verwandtschaftsverhältnis der Hss. des Tristan Ulrichs von Türheim, nebst einer Probe des kritischen Textes, Diss. Johns Hopkins, Baltimore 1918, S. 14.

Zur Diskussion der Einheitlichkeit der Furkation verweise ich vor allem auf die Stelle, Vv. 2971-2986 (Hs. *M*, zw. Bl. 102vb-103ra), die in *M* fehlt, aber nicht in *B* (*N* scheidet schon nach V. 2511 aus). Rankes Theorie, daß ein Blatt aus der Lage bei der Bindung verlorenging,[31] ist angesichts der Tatsache, daß kein Blatt in der Hs. *M* lediglich 16 Verse enthält, nicht haltbar. Eine Kontamination aus der *HR*-Furkation wäre denkbar,[32] wenn die Divergenz von Hs. *H*, die sonst in der *MBN*-Furkation so stark hervortritt, plötzlich in diesen Versen in *B* verschwände, was aber nicht der Fall ist. Die Verwandtschaft zwischen *M* und *BN* ist also horizontal, nicht vertikal.

Die Beziehung zwischen *HR* ist wesentlich schwerer zu bestimmen. Auf wörtliche Übereinstimmung kann man sich kaum verlassen, da die Hs. *R* „von sinnlosen Entstellungen"[33] wimmelt und „äußerst fehlerhaft geschrieben ist."[34] Der kritische Punkt in der Demonstration einer vertikalen Abhängigkeit ist V. 3098, der in beiden Hss. fehlt. Campion notiert (S. 13), daß V. 3098 nur zufälligerweise in beiden Hss. fehlt, da er sich noch in der kollateralen Hs. *S* (aus *RS*) befindet; diese Beobachtung ist aber sonst nirgends in der Literatur erwähnt. Da Campion die Hss. nicht selbst kolationiert hat, läßt sich ebenfalls vermuten, daß diese Beobachtung nur aus Reifferscheids Notizen stammt, und daher als Auskunft aus zweiter Hand zu betrachten ist. Der Verlust der Hs. *S* macht eine qualifizierende Aussage über ihren Inhalt unmöglich. Es darf aber angenommen werden, daß der Schreiber von *R* den fehlenden Vers 3098 schon in der Vorlage bemerkte, und dann versuchte, diesen Mangel zu beheben. Er ändert das Reimwort in 3097 (tâten/hâten, 3097f.) zu „tâgen," wodurch sich ein sinnloser Zweizeiler ergibt, „diu gelîch si beidiu tâgen / wer solte dâ nâch vrâgen" (3097, 3099). V. 3100 („vil suoze si samt lâgen") scheidet er dann aus. Daß er schon V. 3097 änderte, ist ein echter Beweis dafür, daß V. 3098 schon in der Vorlage fehlte; er versucht hier gar nicht erst seinen eigenen Fehler zu vertuschen. Trifft dies zu, so darf man behaupten, daß

---

31   Ranke, S. 232.

32   Daß eine Kontamination zw. *H* und *BN* stattgefunden hat, läßt sich anhand der folgenden Beispiele aus den ersten 460 Versen erweisen (ab V. 461 fehlt *M*, ab V. 2511 fehlt *N*): 260 ein *HB* : eine *MN*, 339 Noch *HB* : Nie *M, fehlt N*, 340 tuon sol *HB* : sol tuon *MN*, 350 zwâre *HB* : ze vâre *MN*, 376 panigens *H*, banechens *B* : banchenes *M*, bankenes *N*. — 23 biz *HN* : unze *M*, uz *B*, 85 wünneclicher *HN* : wünneclichen *M*, unmechelichen *B*, 121 iuh *HN* : ziu *M*, dir *B*, 138 vil *HN* : *fehlt MB*, 186 sagete *HN* : saget *MB*, 224 enruorte *HN* : ruort(e) *MB*, 231 gedâhte *HN* : dâhte *MB*, 369 daz *HN* : dîn *MB*.

33   Campion, S. 13; H. Paul, S. 324.

34   V. Groote, S. lxxii.

das gemeinsame Fehlen von V. 3098 in *HR* wenigstens eine indirekte vertikale Verwandschaft von *R* zu *H* beweist.

In Bezug auf *MBN* sowie auf die für eine Edition kaum verwendbare *R*, gilt Hs. *H* praktisch als *unicum* mit einer sehr eng verwandten, aber bewußt abweichenden Parallelüberlieferung:

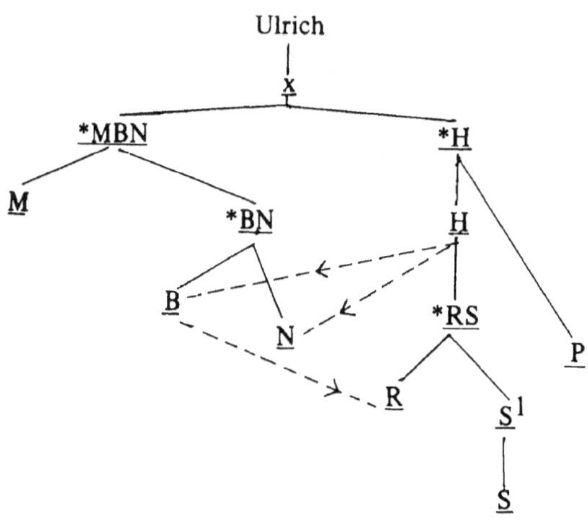

Zur Textgestaltung

Der Text folgt im wesentlichen der Handschrift *H*. Im einzelnen ist Folgendes zu beachten:

1. Abkürzungen sind im Text und im Apparat (außer in Zweifelsfällen) aufgelöst; im Text ist erspartes *u* nach *w* ergänzt.
2. Worttrennung folgt dem Brauch der Hs. *H*, in Zweifelsfällen den Lexika.
3. Initialen und Absatzeinzüge in Hs. *H* sind im Text beibehalten; solche aus anderen Hss. sind im Apparat aufgeführt.
4. Personen- und Ortsnamen werden im Text groß, im Apparat klein geschrieben. Großschreibung bezeichnet im Apparat den Versanfang. Die Satzzeichen sind nach modifizierten heutigen Regeln gesetzt.
5. Lange Vokale sind mit Zirkumflex bezeichnet.
6. *s* und langes *s*, *z* und *z*, erscheinen als *s* bzw. *z*; Verwechslung zwischen *s* und *z* ist kursiv normalisiert. *u/v* und *i/j* sind nach Lautwert getrennt.
7. Orthographische Monophthonge werden zu Diphthongen kursiv normalisiert, gemäß den Regeln des rekonstruierten Mhd. Falsche Diphthonge sind kursiv monophtongiert und im Apparat verzeichnet (z.B. alem. *ie>i*).
8. *æ* ist aus dem handschriftlichen *e* ergänzt und kursiv geschrieben. *iu* ist die umgelautete Form von *û*, kursiv geschrieben, wo nur *u* in der Handschrift steht.
9. Alle Varianten, die über rein lautliche und dialektische Abweichungen hinausgehen, sind in den Apparat aufgenommen. Alle eingeführten Konjekturen sind aus den Lesarten zu erkennen.
10. Im Apparat wird das Symbol (*ů*) in Hs. *B* als (*ü*) wiedergegeben, das (*dꝛ*) in Hs. *M* als (*der*), das (*u̇*) und (*ů*) in Hs. *R* als (*ü*) bzw. (*u̇*). Ein Stern bezeichnet ein unlesbares graphisches Zeichen.
11. Metrische Glättung wurde nur in dem ungewöhnlichen Fall unternommen, wo das Einfügen eines (*e*) in die unbetonte Silbe die durch Synkope zerstörte Alternation wieder herstellt.

Tristan

Uns ist ein schade grôz geschehen,

des mac diz mære zeschaden jehen,

wan ez beliben ist in nôt,

sît Meister Gotfrît ist *tôt*,

5   der dis buoches begunde.

er hât sîner tage stunde

mit künste erzeiget wol dar an:

er was ein künstrîcher man.

uns zeiget sîn getihte

10   vil künstliche geschihte.

ez ist eben unde ganz;

kein getihte an sprüchen ist sô glanz,

daz ez von künste gê der vür,

[128^{vh}]   der ez wiget mit wîser kür.

15   owê der herzelîchen *klage*,

daz im der tôt sîne lebende tage

leider ê der zît zebrach,

daz er diz buoch niht vollesprach.

---

1 *Initial MBN.* Und *P.* grozer schade *B.* geschen *M*, geschien *B*, geschein *N.*

2 Wes *P.* dese *N.* gien *B*, gein *N*, jenhen *P.*

3 Was *P.*

4 Sin *N.* godefrijt *N*, goffrit *P.*

5 dot *H.* dises *M.* b. ie b. *B.*

6 Der *MB.* hant *P.* sines dages *N.* tag *P.*

7 chunst *M*, kunste´ *H˜*, kûnsten *N*, künste *B*, kunst *P.* erzûnet *N*, erzoget *B.* da an *N.*

8 Es *P.* chunste richer *M*, e. vil künstiger *B.* kûnstē richer *N.*

9 z. ouch s. *B*, zugent sine *N.*

10 chunstchlich *M*, künstlich *B*, richte *N.*

12 Dehein *M*, Seyn *N.* spruhhen *H.* is an sprüchen *B*, ist entsprochen *P.*

13 Dat mit kûnsten *N.* kûnsten *P.* dar *BNP.*

14 *Diesem Vers folgen in P*: Sich in letzeten seyt^sn gerichte / Wlrichs von turhaim getichte / Cûnratten dem schencken von mirstarstetten.

15 herzenlichen *M*, hercelich^s *H*, *Explicit P.*

16 § *M.* leve *N.* sin lebe *B.*

18 nih *H.* vollensprach *B.*

sît ez alsus nû ist komen,

20 daz in der tôt hât hin genomen,

sô hân ich mich genomen an,

als ich aller beste kan,

daz ich diz buoch biz an sîn zil

mit sprüchen vollebringen wil.

25 des hât mit vlîze mich gebeten

Kuonrât der schenke von Wintersteten,

daz ichz im ze liebe tuo.

herze und sin dâ râtent zuo,

daz ich im dran gediene sô,

30 daz er mînes dienestes werde vrô

unde im genâde von ir geschehe,

der sîn herze ze vrouwen jehe.

woltich in lobes rüemen

und mit hôhen sprüchen blüemen

35 als er ez doch gedienet heit,

sîn lop dar würde wol sô breit,

---

19 nu ist also *M*, is nu so *B*, nu also is *N*.
20 hine *M*, *fehlt BN*.
21 *Initial M*.
22 Als] So *MBN*.
23 biz] unze *M*, uz *B*.
25 Das *N*.
26 Chônrat *M*, Cûnrat *B*, Cûnrait *N*. der schenke *fehlt B*.
27 27-28 *fehlen MBN*.
29 da an deyne also *N*.
31 gescheit *N*.
32 vrouden geit *N*.
33 l. mit love *N*.
35 35-36 *fehlen MBN*.
36 lob *H*.

daz es genuoge hæten haz;

ez tuot mit guote nieman baz

den ich irgen erkenne.

40   ir hânt eteswenne

wol vernomen waz Tristan

grôzer arbeit gewan

und waz Ŷsôten beschach.

Tristan wider sich selben sprach:

45   'Tristan, hære, ez ist genuoc!

Tristan, lâ den unvuoc,

des diu werlt niht ruochet

und doch der sêle vluochet.

Tristan, lâ den unsin

50   und tuo die gedanke hin,

[129ra] die dir dîn heil verkêrent

und gar dîn êre unêrent.

lâ dîm œheime

sîne Ŷsôte dâ heime,

---

37 Des heten lihte genüge M, Des hetten liehte gnüge B, Des hedden lichte ir genûch N.
38 indeit N. gûden N.
39 39-40 fehlen MBN.
40 etswenne H.
41 Initial BN. Ir habet w. M, Ir hat w. B, Ir hait w. N. vernû B. Tristran M.
43 geschach MBN.
44 Tristrant M. selve N.
45 ez] es M, is N. genuch H.
46 Tristan] Unde M, Und B, fehlt N. laz B. disen M, diesen B, desen N. ungefûch M, ungevûch BN.
47 gerüchet B, inrûchet N.
48 doch] oych N. selen BN.
49 49-52 fehlen MBN.
52 unere H.
54 ysoten B, ysoit N.

55 dem werden künege Marke,

und minne die von Karke,

diu dich ze nihte bestât.'

'herze, sît dez ist dîn rât,

ich wil Ŷsôte vliehen

60 und mich *ze Ŷsôten ziehen* --

ich meine die wîzgehanden;

Ŷsôt von Yrlanden

m*u*oz nû sîn mînes herzen gast.

diu Minne hât ir swæren last

65 ûf mich geleit vil manege stunt.'

nû tet er sîme gesellen kunt

sîne ger und sînen m*u*ot.

er sprach: 'trûtgeselle g*u*ot,

nû wîs an triuwen stæte.

70 gedenke, wes dû mich bæte

umb Ŷsôte die swester dîn.

nû sich, di*u* giht mir seneden pîn.

---

55 kunge *M.*
57 dir *N.*
58 dez] ez *M.* H. is dit d. *N*, H. sint id din rat / Is *B.*
59 Is ich *B.* ysoten *MBN.*
60 ze *fehlt H.* ysote enziehen *H.*
61 *Initial M.*
63 M. ich n. *B.* miner froden *M*, miner vrouden *BN.*
64 irn *B*, eren *N.*
65 gelaht *B*, gelacht *N.*
67 Sinen *N.*
68 s. ey t. *N.*
69 wis] sys *B*, bis *N.*
71 ysot *M*, ysoten *B.*
72 Nû *fehlt N.* git *MB*, geit *N.*

ich bin tac unde naht

allez bedenkende in der aht,

75   wie ich verdiene daz si gezem

und mich êlîche nem:

ich wil bî ir belîben hie.'

Belîben hie! sô engelebt ich nie

mê sô rehte lieben tac;

80   swaz ich leides ie gephlac

daz mit vröuden ende!

Tristan, mîne hende

wil ich dir drumb bieten;

wir suln uns beide nieten

85   maniger wünneclîcher zît.

Tristan, swar an dîn wille lît,

swâ ich mich des kan verstân,

[129rb]   daz ist allez samt getân.'

'nû lône dir got, du sprichest wol,

90   daz ich vil gerne dienen sol.

---

73 73-76 *fehlen* MBN.
77 Wil du ih belibe bi ir h. *M*, Wiltu ich blive (blivē *B*) bi ir (dir Ӡ) h: *BN*.
78 § *B. hinter* hie *Interpunktionszeichen* H. Geselle so geschach (geschag *N*) mir nie (ney *N*) MBN. Heliben *H.* s. so e. *H.*
79 lieber *MB.* So leyve des ich gein mach *N.*
80 Wat *N.*
81 D. hat (hait *N*) m. *MBN.*
84 geneden *N.*
85 Mancher *N.* wunnchlichen *M*, unmechelichen *B.*
86 Tristan] Wize *M*, Wisze *B*, Wisses *N.* war *BN.*
87 Wa *N.*
88 ist] sal *N.* samt] zehant *B*, sin *N*, *fehlt M.*
89 89-90 *fehlen* MBN.

tuo ein dinc des ich dich bite --

dâ êrest dû dich selben mite --

daz doch guote vuoge hât:

habe es dines vater rât

95   und diner muoter, daz ist guot.'

'mîn vater, mîn muoter hânt den muot,

daz sis sint von herzen geil.

wie kunde in iemer groezer heil

ze dirre werlt geschehen?

100   wol dan, wir suln Ȳsôten sehen,

die süezen, werden, clâren,

diu in ir kindes jâren

verdienet hât die sælecheit,

daz ir dîn herze liebe treit

105   und si ze vrouwen hâst erwelt,

ir iegelichen dich verselt.'

'nû ganc enwec, sô bîte ich hie,

und rede wol.' 'nû sage mir wie.

ich spriche allez, daz du wilt;

110   keines dienstes mich gein dir bevilt.'

---

91 *Initial BN.* Nu t. *MBN.* biete *H.*
92 tu *H.* selb^s *B,* selve *N.*
94 Habe] Nim *N.* es *fehlt BN.*
96 zweites mîn *fehlt N.*
97 *Initial M.* geil] fro *M,* vro *BN.*
98 98-116 *fehlen MBN.* iemmer grozzer *H.*
100 soln *H.*
108 *Hinter* wol *Interpunktionszeichen H.*
109 tu *H.*

'dâ sage als ich dir hân gesagt

und bite Ŷsôte, die reinen magt,

daz si mir genædic sî.

ine wirde niemer leides vrî,

115   ê daz si mich entleidet

und von kumber scheidet.'

Hine gienc dô *Kædîn*

zuo sînen gelieben allen drîn,

dâ er si bî einander vant.

120   mit *vuo*ge sprach er sô zehant:

'ich bin *durch rât zuo iu* komen

und hân Tristandes m*uo*t vernomen

und gar anz ende erkunnet:

er bit, daz ir im gunnet

125 [*129*^{*va*}]Ŷsôt mîner swester ze ê.

er giht, er welle ie*m*er mê

gerne hie bî uns bestân.

nû s*u*ln wir in geniezen lân,

---

[117]ginc *H*. gahedin *H*. Kahedin der gie do *M*, Kaedin der gienc do *B*, Keydin
geync do *N*.
[118]*fehlt MBN*.
[119]bienander *H*, beide *N*.
[120]v*û*gen *BN*. sô zehant] alzehant *MB*, alz*û* hant *N*.
[121]da her *H*. iuh *H*, z. ziu *M*, dir *B*, uch *N*.
[122]Und] Ich *B*. h. von T. *B*. münde *B*.
[123]*123-126 fehlen MBN*.
[126]iemmer *H*.
[127]Der (*û*r *B*, He *N*) wil g. *MBN*. hie *fehlt MBN*.
[128]soln *H*, s*û*le *N*.

daz er uns wol gedienet heit

130 und durh uns ritterlîchen streit,

ahî! wan hât nirgen ritterschaft

ane prîse alsô grôze *kraft*

als diu Tristandes hât.

in hôhem lobe sîn *wirde* stât;

135 nieman sich ime gelîchen kan.'

'wol dir reine sæ lic man!'

sprach diu *süeze* herzogîn,

'vil lieber sun Kâedîn,

sît ez dir wol behaget,

140 wir suln Ŷsôt die clâren maget

geben Tristande,

bestât er in dem lande,

wir sîn iemer mê genesen

und *muoz* Riôl der grâve wesen

145 mit vorhte under dînem vânen.

ganc hin und brinc Tristânen,

---

129 hat *MB*, hait *N*.
130 Und durh uns] Mit manger *MN*, Mit maniger *B*.   richlich[s] *B*, ritterlicher *N*.
131 streit] tat *M*, gedat *B*, dait *N*.
134 131-134 *fehlen MBN*. A·hi *H*.
136 wid, *darüber* re *H*.
137 § *B*.   reyner *N*. sæ lic] sŏze *M*, süze *B*, sŭzer *N*.
138 sŭze *H*, reine *M*, werde *B*, gŭde *N*.
139 Vil *fehlt* MB.   kaydin *N*.
143 139-156 *fehlen MBN*.
143 iemmer *H*.

heiz in *k*omen *d*râte:

nâch sîn selbes râte

suln wir im Ŷsôten gebn

150   und ie*m*er, swie er geb*i*utet, lebn.

daz getâne ist daz getâne;

ich bin in dem wâne,

biz daz dinc ist ungetân

sô ma*c* ez vil wol zegân.

155   sâ zehant als ez geschiht,

sône ma*c* ez danne erwinden niht.

ganc, brinc Tristânen her:

er vindet al sîne ger.'

nâch Tristâne Kâedîn dô gie.

160   Tristan in vr*œ*lîche enphie:

'𝕾ag an *g*uotiu m*œ*re:

[*129vb*]   daz *d*û sô lange w*œ*re,

des hât mich verdrozzen.

hâstu in mîne bet entslozzen?

165   wie hânt si enphangen die?'

'dâne wart mê kein bete nie

147
150 trate *H*.
157 iemmer *H*.   154 mag *H*.   156 mag *H*.
158 Nu g. *MBN*.   g. in brenge Tristan *N*.
159 sin beger *B*.
159-172 fehlen MBN, dafür: Do tristrant dise rede vernam / Er gie mit
kahedine dan *M*, § Dû tristan diese rede vernam / Van kahedine der zû
im quam *B*, (*Initial*) Do dese mere vernam tristan / He geync mit keydinen
161 dan *N*.
162 gute *H*.
tu *H*.

        deiswâr baz enphangen.

        Tristan, wol dan, gangen

        dâ dir genâde sol geschehen,

170   ist ez als dû mir hâst verjehen.'

        'Kâedîn, *êst* dannoch mê

        danne als ich dir *klaget* ê.'

        mit *ein*ander si dô giengen.

        Tristânen wol enphiengen

175   der wirt, di*u* wirtîn unde Ȳsôt.

        Ȳsôt ir m*u*oter dô gebôt,

        daz si Tristânen gr*u*ozete

        und sich sîme herzen s*u*ozete.

        'daz t*u*on ich gerne,' sprach Ȳsôt,

180   'dolt er von mir dekein*e* nôt,

        die b*ü*eze ich im vil gerne,

        sô ich b*u*oze gelerne.'

        d*ô* sprach diu herzogin*ne* sân:

        'saget an, her Tristan,

---

¹⁷¹ist *H.*
¹⁷³Beide s. *N.*   ander *H.*   dô] wider *M,*   dû wieder *B,* weder *N.*
¹⁷⁴T. si w. *B.*
¹⁷⁶De m*û*der ysoten d. *N.*   mutter *H.*
¹⁷⁷gruzte *H.*
¹⁷⁹*179–182 fehlen MBN.*
¹⁸⁰dekein *H.*
¹⁸³*Initial BN.*   Done *H.*   herzogin *H,* herzogine *M,* herzoginnē *B,* herzoginne *N.*
¹⁸⁴sân] z*û* hant *N.*
¹⁸⁴Nu s. *B,* Sagt *N.*   tristant *N.*

185 sol diu rede stæte sîn,

    als uns sagete Kâedîn,

    sô gebe wirs *iu* mit *gu*oter guns:

    ir m*ü*ezet aber belîben hie bî uns

    iemer biz an iuwern tôt.'

190 'ich wil gerne nemen Ŷsôt

    unde iemer êlîchen haben.'

    'herre, sô lât den eit iuh staben,'

    sprach diu herzoginne *kluo*c.

    daz heilt*uo*m man dar tr*uo*c;

195 dar ûffe sw*uo*r sich Tristan

    Ŷsôt zeim êlîchen man.

    Tristan schimp*h*lîchen sprach,

    dâ von ze lachene in geschach:

[*130*^{ra}] 'juncvrouwe, welt ir nemen mich?'

200 'spræche ich nû, herre, "nein ich,"

    daz wære mîme vater zorn,

    des ist ez bezzer verborn:

---

185 stæte] also bestanden *B.*

186 saget *MB*, sade *N.*

187 geven *BN.* iuh *H*, uch *BN.* wir uch si *N.* gûnst *B.*

188 So mûst ir *N.* aber *fehlt N.* hie beliven *B.* bî] mit *N.* ûnst *B.*

189 189–190 *fehlen MBN.* iemmer *H.*

191 Froʷe ih wil gerne ysote haben *M,* § Vrouwe ich wil gerne ysoten haven *B,* Vrauwe ich wille gerne ysoit haven *N.* iemmer *H.*

192 § *B.* lant *N.* iu *M.* uch den eit *B.*

193 herzoginnen *B.*

194 heilchtŏm *M.*

195 195–204 *fehlen MBN.*

197 schimlichen *H.*

202 besser *H.*

swaz wil mîn vater, daz wil ich.'

vater und muoter des vröuten sich;

204a   *diz dinc wart zeinem ende brâht,*

204b   *als sis hœ ten gedâht.*

205   diu wirtîn sprach ze Tristan:

'sun und tohter, ir sult gân.

iuch samt an ein bette legen;

von schulden wir wol iemer megen

von herzen iemer wesen vrô.'

210   nider leiten si sich dô

𝕿ristan unde Îsôte.

nû segente si genôte

diu reine herzoginne

unde enphalch si der minne,

215   der wâren minne unde ouch der,

der manec herze ist in ger.

dâ mite gienc si von in zwein.

si wânde, dâ wurden zwei in ein:

---

204 mutter *H.*
204a Dat *BN.* zeinem] zû *B.* *204a-204b fehlen H.*
204b si id *BN.* heten *M,* hatten *B,* hadden *N.* h. vor gesacht *N.*
205 *Initial MN,* § *B.* wirten *H.* s. do z. *N.*
206 solt *H.*
207 samen *N.* bete *M.*
208 iemmer muggen *H.*
209 Inde van *N.* hercen *H.* iemmer *H,* alle *MB, fehlt N.* wesen alle *B.*
210 lachten *N.*
211 Tristanden *N.* ysoten *N.*
212 Nû *fehlt N.* segenet *H,* saynden *N.* genûgen *N.*
213 *Vers nicht abgesetzt, nur durch Periode von V. 212 getrennt M.*
214 enphlac *H,* bevalh *M,* beval *BN.*
215 *215-216 fehlen MBN.*
217 Dâ] Hev *N.*
218 in *fehlt N.*

nû beliben si unvereinet,

220   daz wart sît wol bescheinet.

Tristan der küene was verzaget,

daz er die wol gejârten maget

allez bî im ligen lie

unde enruorte si weder dort noch hie:

225   er lie si vremedeclîchen ligen.

Ŷsôt, der er sich hât verzigen,

diu quam im wider in den sin.

ich wæne, si sante ze boten an in

daz wunderlîche minnentranc.

230   manecvalt wart sîn gedanc:

er gedâhte hin, er gedâhte her.

nû was vil gar sîns herzen ger

vil stæte ze allen stunden

nâch Ŷsôte der blunden.

235 [130rb]hie zeige   aber Vrou Minne

ir verlust unde ir gewinne,

---

219 Neyn si bleven N.
220 erscheynit N.
222 di H. getagten M, gedane BN.
223 liegen H.   magt H.
224 Unde] Er MB, He N. rôrte M, rûrt B.
225 da N.
226 vremtlichen B, vreymdelichen N.
226 sich fehlt N. hete M, hatte B,
227 hadde N.
227 den] sinen N.

228 ze fehlt B.
229 Der B, Den N. wûnderlichen N.
230 Manichveldich B, Vil manichvalt N.
231 dahte MB. h. er gedâhte] unde MB,
232 inde N.
232 vil fehlt B.
233 Vil stæte] Hin B.
234 ysot B.
235 zeigete M, zeiget B, zûnte N.
236 gelust MB, gelûst N.

ír unstæte unde ir stæte.

zwiu welt ir, daz siz tæte,

daz si Tristanden nôte

240   zweier hande Ŷsôte?

ez schuof ir untriuwe;

si ist gerne iht niuwe.

ir stæten vriunt, die alten,

der kan sie niht behalten

245   und enbehaltet ouch niht die jungen.

mit disen wandelungen

lebet ie Vrou Minne.

swer rehte sich versinne,

der vüege wie er ir entrinne

250   und minne die wâren minne,

diu dâ niemer zergât

unde ein vil stæte gemuote hât.

Tristan gedâhte: 'owê Ŷsôt,

waz wunders was, daz mir gebôt,

---

237 *Initial M.*

238 Zwei*HB,* Wey *N.* wunder *H,* weldit *B,* wolt ir *N.* si *N.*

239 tristande *N.* note *aus* dote *verbessert B.*

240 Mit z. *B.* Zweiher *H,* Zweiger *M.*

242 iteniwe *M,* alzijt nuwe *N.* Die gerne an ir is n. *B.*

243 *Initial N,* § *B.* stede *BN.*

244 Der] Die *MB,* De *N.*

245 Unde] Si *N.* behalt *M,* behelt *BN.*

246 d. zwein (zwen *N*) w. *MBN.*

247 Levede *BN.*

248 We *N.* sih *H.*

249 vûge *H,* sehe *M,* sieh *B,* sey *N.*

250 ware *BN.*

252 eyne *N.* gemüete] minne *N.*

253 *Initial B.* gedaht *B.*

254 wast *N.*

255   daz mich des *wunders ie* gezam,

daz ich ein ander Ŷsôt genam?

Ŷsôt, dû bist mîn Ŷsôt.

Ŷsôt, ich was an triuwen tôt,

Ŷsôt, dô ich dich verkûte

260   unde ein ander Ŷsôt trûte.

Ŷsôt   vür wâr   ich wil dich *hân*:

du hâst mir liebes vil getân

unde erlíten durh mich grôze nôt.

ich weiz wol, dû bist diu Ŷsôt,

265   die ich ze rehte habn sol

und wirt mir mit *dir* noch vil wol.

du lîst mir in dem herzen:

owê der herzensmerzen,

die ich nâch dir dul*d*e!

270   wie gewinne ich dîne hulde?

[*130*^{*va*}]   sô dû vernimst diz *mæ*re,

sô wirst *d*u mir *gevæ*re

---

255 *wunders ie fehlt H.* D. mir dat ey inquam *N.*

256 eyne *N.* ysote *M.* nam *MBN.*

257 bist mine *N.*

259 Ŷsôt *fehlt N.* dô] e *B.*

260 eine *M,* eyne *N.* ysote *M.*

261 haben *H.*

263 Unde *fehlt MBN.* erlieten *H.* Durch mich erliten (erlieden *B) MB.*
Dûrch mich hais du erleden grois *N.*

264 diu *fehlt B.*

266 und *fehlt N.* Mir wirt *N.* ir *H.*

267 *267 f. umgetauscht B.* mir in dem] in minem *M,* in mime *B,* an mime *N.*

268 des *MBN.* herze smerzen *M.*

269 *Initial M.* Den *MBN.* dir] ir *B.* dulte *H.*

271 diese *B,* dese *N.*

272 tu *H.* gewere *H.*

und mit herzen gehaz.

Ŷsôt, du weist vür wâr daz:

275 ine mac dîn niht vergezzen,

Ŷsôt, du hâst besezzen

mîn herze alterseine.'

nû gedâhte diu *maget* reine:

'ich wæne, mîn vriunt Tristan

280 niht mit juncvrouwen kan:

daz hân ich rehte ervunden;

hât er Ŷsôt die blunden

gehabet alsô sîne tage,

bînamen sô ist er der minne ein zage.

285 zwâre, ich hân ez niht *vür guot*

wie man getageten megeden *tuot:*

daz ist mir dicke vorgesaget

wâ ze wîbe wirt ein maget.

des tet er niht als ichs entstân.

290 er wil mir sanfte mite gân;

er *waenet* lîhte, ich sî ze *kranc.*'

diz was ir beider gedanc.

273
274mit herzen] von reht *M*, van rehte *B*, van rechte *N*.
275nu wize reht d. *M*, nu wisze zû. rehte *B*, nu wisse rechte *N*.
277mag *H*. Ich nemach *M*, Ich enmach *B*.
278Mit *H*.   alter seine *M*, alleyne *N*.
279*Initial B*. dachte *N*.   mag *H*.
281*Initial N*.
285*281-292 fehlen MBN*.
288wr *H*.
289magt *H*.
enstan *H*.

dô sprach der werde Tristan:

'Ŷsôt, wir suln ûf stân

295   und gên dâ diu liute sîn.'

'gerne, lieber herre mîn,

swaz ir tuot, daz ist guot;

iuwer muot, daz ist mîn muot.'

'nû lône dir got, süeze Ŷsôt!'

300   Ŷsôt wart des wortes rôt

und quam dâ von in eine scham.

ez schuof ir magetlîcher nam,

daz si ein wênec weinde.

wederz si dâ mit meinde

305   daz râtent under disen zwein:

umbz jâ oder umbz nein?

umbz nein, daz ist mîn wân.

si woltez jâ vil gerne hân,

si zurnde, deiz ir nieman bôt.

310 [*130*^{*vb*}]diu reine, süeze maget Ŷsôt

---

294 Ysolt *B*.
296 leyve *N*.
297 Wat *N*.
298 Iwer *H*. Ur wille *N*. daz ist] der ist *M*, is ouch *B*, is *N*. m. selbes m. *M*.
301 schame *N*.
302 Ez] Dat *BN*. megetlicher *B*, machtûmlicher *N*. name *MN*.
303 ein] in *N*.
304 Weder *B*, Wat *N*.
305 ratet *M*, radet *B*, rait *N*. under] an *N*.
307 min / Wan *B*.
308 Wan si *B*. hân] sin *B*.
309 309-320 *fehlen MBN*. zornde *H*.

slouf in wîplîch gewant;

ir houbet si vil schône bant

durh den gewonlîchen site.

*N*û giengen si einander mite,

315 als zwei gelieben solten.

diu liute wænen volten,

dâ wære geschehen des niht enwas:

Tristan was Ŷsôte ein gas

unde Ŷsôt Tristâne.

320 diu süeze wolgetâne

was sô *fier* unde alsô *kluoc*,

daz si ir leit sô schône tru*oc*,

daz des nieman wart gewar,

ob ir iht *zuo* ir vriunde war.

325 Tristan daz vil lange treip

unde allez diu maget maget beleip.

nû gedâhte diu magt Ŷsôt:

'ez ist mir ein michel nôt,

daz ich bî einem manne lige

330 und niht der site der dinge phlige

---

312 houbt *H*.
313 gewnlichen *H*.
321 Doch was si *MBN*. sô *fehlt MB*, ffier *H*, phier *M*, kusch *B*, fin *N*.
322 unde *fehlt N*. so *N*.
323 si ir leit] siz *M*, si id *B*, sijt *N*. sô] als *M*, allez *B*, also *N*. verdrûch *B*.
324 des] id *N*.
326 hinze *M*, hin zû *B*. irme *N*, *fehlt B*.
327 a. dat d. *B*. In de maget allit m. *N*.
327-332 *fehlen MBN*.

als man und wîp ie phlâgen,

sô si bî einander lâgen.'

eines nahtes si gedâhte,

daz si dô vollebrâhte:

335 si sprach, 'herre Tristan,

dû bist ein bescheiden man,

wie gebârest dû alsus?

ich enphienc nie umbvanc noch kus

noch von dîme lîbe;

340 swaz man tuon sol mit wîbe

des bin ich alles vor dir vrî.

von welhen schulden daz sî,

Tristan, daz ruoch mir sagn.'

'vrouwe, ich hân ze kurzen tagn

345 gelobet wider den rîchen got

durh sîn gewelt1clîch gebot,

swanne ich ein wîp næme,

daz ich niemer zuo der quæme

---

333 *Initial MBN.*
334 dô] och *M,* ouch *B,* och *N.* vollenbrahte *B.*
335 s. owi (owe *BN*) h. *MBN.* herre *fehlt N.*
336 Dû] Nu *MB.* bist du *B.* bescheiden] als hofsch *M,* so höviecher *B,* also höveschz *N.*
337 tu *H.* sûs *N.*
338 noc *M.*
339 Noch] Nie *M, fehlt N.* d. sûzen 1. *N.*
340 Wat *N.* sol tôn *M,* sal dovn *N.*
341 vor] von *M,* van *BN.*
343 dar *H.* rôche *M,* rüche *B,* rûche *N.*
344 § *B.* ze] in *B.* kurtzen *H.*
346 gewaltchlich *M,* gewaltich *B,* geweldich *N.*
347 Wanne *N.* ein *fehlt B.*
348 ich zû der neit in queme *N.* ich *von derselben Hand nachträglich eingefügt H.*

[*131ra*] innerhalp eime jâre,

350 ich entuon dirz niht *ze vâre*:

swenne daz jâr sich endet,

mîn lîp dîne swære swendet.'

'nû hœre, lieber Tristan,

vil dicke ich daz vernomen hân,

355 daz ein man und sîn wîp

hânt zwô sêle und einen lîp;

ez solte wesen under in zwein

ein gar vereinetez ein.

nû sîn wir unvereinet:

360 dîn herze mich niht meinet

als ez ze rehte solde,

ez ist diu blunde Ȳsolde,

diu diz gebot geboten hât,

daz dînen êren missestât.

365 ich hân diz nein unde lige dâ,

sô ist si verre und hât diz jâ.

sint ungelîch jâ unde niht,

gerne wil ich lîden die geschiht

349
350 Innertalp ·H, Inbinnen *B*, Binnen *N*.
351 Ich dûn *B*, Ich doyn *N*. zware *HB*.
352 So *B*, Wanne *N*. ja *B*.
  dîne] die *B*. verswendet *B*, wendet
353 *N*.
354 h. vil 1. *B*. liebe *M*, leyve *N*.
356 Vil] Wey *N*.
Haben *M*, Haven *BN*. zŵ *H*, zơ *M*.

357 selen *BN*.
358 solt *M*.
  E. vil g. *B*. vereynet *N*. gar
360 von derselben Hand nachträglich *M*.
361 Als din *N*. inmeynet *N*.
364 ze] van *B*.
  mistait *N*.
365 *365-368 fehlen MBN*. liege *H*.

biz an daz gesprochen zil.

370 mit vlîze ich ez dar helen wil,

daz ez niemer wirt gesagt,

biz daz daz jâr sich hât vertagt,

biz dâ hin wil ichz lâzen sîn.'

Der herzoge und diu *herzogîn*

375 die ahten eine reise

durh *banekens* eise

niuwan durch kurzewîle:

dâ bî in einer mîle

si wolten birsen unde jagn.

380 diz h*iez* er sînen vriunden sagn,

daz si dar bequæmen,

die vröude mit im næmen.

nû quam geriten durh vröude dar

manec ritterlîch*iu* schar

385 von wîben und von mannen.

dô si riten von dannen,

---

369 Biz] Aber unze *M*, Aber biz *B*, Ever bis *N*. daz] din *MB*. gesprochen]
370 bentez *M*, genanten *B*, benennet *N*.
371 dar *fehlt B*. heln *H*, verhelen *B*.
372 *Initial M*.
373 Biz daz] Unze *M*, Biz *B*, Bis *N*. sich hât] wirt *N*, *fehlt B*. bedaget *B*.
374 dâ hin] dar *MBN*.
375 § *B*. kunegin *H*.
376 dachten *N*.
377 panigens *H*, banchenes *M*, banechens *B*, bankenes *N*.
378 Niuwan] Unde *B*. kurtzewile *H*, kûrzewilen *N*.
380 milen *N*.
381 Daz *M*, Dat *B*. heiz *H*.
382 chamen *M*, quemen *BN*.
383 Mit im die vroude *B*. vernemen *N*.
384 *Initial N*. durc *M*, dûrg *N*.
386 mange *N*. wunchlichiu *M*, wünnencliche *B*, wûnencliche *N*.
386 reden si *N*.

24

           ritter unde vrouwen,

[*131rb*]   si mu*o*sen durh ein ouwen

           gemeinlſche rîten

390   *einen* wec niht ze wîten.

[131rb] si muosen durh ein ouwen

gemeinlſche rîten

390 einen wec niht ze wîten.

nû reit diu maget reine

in der enge al eine.

mit verdâhtem muote

diu reine vrouwe guote

395 bedâhte ir nâhe gênde leit,

daz si ze allen zîten leit.

ûf dem wege stuont ein hol;

daz hol was gar wazzers vol.

Ŷsôten pherit trat dar în,

400 daz iemer unsælic müeze sîn.

daz wazzer spranc ir under die wât,

biz hin dâ daz süeze stât:

des begunde Ŷsôte lachen

und vluochen doch der lachen.

---

387 Rittere *N*. Die ritter u. die v. *B*.
388 mûsten *BN*. eine *B*, eyne *N*.
389 Gemeinlichen *M*, Gemeinelichen *B*.
390 Sinen *H*.
391 § *B*. eine *B*.
392 dem wege *B*. einge *H*.
393 M. gar v. *B*. vordahten *B*, verdachtš *N*.
394 reine] werde *B*, *fehlt MN*. junchvrôwe *M*, juncvrouwe *B*, junvrauwe *N*.
395 395-396 *fehlen MBN*.
398 hol *fehlt MBN*. w. van wasser v. *N*.
400 iemer] ez *M*, er *B*, id *N*.
401 *Initial M*.
402 süeze] ir wist wale *N*.
403 ysot *B*, ysoit *N*.
404 vlûchde *N*. doch *fehlt N*.

405 mit disen worten daz geschach,

wider sich selben si sô sprach:

'ich hân ersehen in kurzer vrist,

daz diz wazzer küener ist

danne der küene Tristan,

410 der noch daz ellen nie gewan,

daz er mich geruorte ie

weder dort oder hie,

als daz wazzer hât getân.

an mîme lîp ein dinc ich hân,

415 daz ist ein heinlîchiu stat,

dâ hin gie nie mannes phat.

vil gerne man ez mohte phaden

obn enkelen, ze berge den waden,

bî der huf, ob dem knie,

420 die man es gerne griffen ie:

si jehent, ez sterke den gelust.

ern geruorte nie deweder brust,

mînen lîp er nie an sich getwanc,

arm und bein gar âne schranc.

425 zwiu wolter daz erz tœte,

der mich sô swache hœte,

---

405 geschah H.
406 geschah H.
407 dâ B, do N.
408 kurtzer H.
410 ist N.
410 de koneyt N.

412 da noch h. N.
413 413-431 fehlen MBN, dafür:
 Initial B. Dise (Diese B, Dese
421 N) rede horte kahedin (keydin N) MBN.
421 glust H.

[131va]   daz er des spiles begunde nie,

des man und wîp doch spilten ie?

ich wæne, manz vinsterlingen tuot.

430   ez liebet lîp und hœhet muot,

jehent si. êst mir unrekant.'

dô sprach Kâedîn zehant:

'**S**wester, waz hâst dû gesaget

und mit herzen sô beklaget?'

435   'bruoder, ine hân niht gereit;

sprach ich iht, deist ungeseit.'

'swester, dû muost mir ez sagen,

ich hân gehôret wol dîn klagen.'

'bruoder, ine sage ez niht.'

440   'ob ez dîn munt niht vergiht,

sô ist iemer gescheiden

diu vriuntschaft under uns beiden.'

'Kâedîn, ich sage dirz ê:

mir tuot herzelîche wê,

---

431 eist *H*.
432 sprach er zerswester sin *M*, sprach er zů der swester sin *B*, sprach he zů der sůster sin *N*.
433 tu *H*. gesagt *H*. gechlaget *M*, geclaget *BN*.
434 Ez mŏz (Id mŏz [mŏys *N*] *BN*) mir werden gesaget *MBN*.
435 *Initial N*, § *B*. ine] ih *M*, ich *BN*. gesacht *N*.
436 § *B*. S. aber i. *M*. Sprach si aber id is dir u. *B*. deist . . .] ich was verdacht *N*.
437 § *B*. Swester *fehlt MBN*. e. benamen (binamen *BN*) s. *MBN*. sagn *H*.
439 § *B*. ich ensage (insage *N*) dirs *MBN*.
440 § *B*. mirs *MBN*. mut *H*.
441 iemmer *H*, iemerme *B*.
443 § *B*.
444 Mit *H*. herzenlichen *M*, herzelichen *BN*.

445   daz mîn herre Tristan

solte sîn mîn êman

und mîn reht mir sô versaget,

daz ich beliben bin noch maget.'

'swester, mit herzen ich daz klage

450   got, den ich vil lieben trage,

der mîn und al der werlde phliget,

daz er sô dicke bî dir liget

und dich allez maget lât:

daz ist, daz im an sîn leben gât.

455   Îsôt, liebiu swester guot,

Tristan ez dar umbe tuot:

er wil dir entrinnen

unde Îsôten minnen,

die blunden von Îrlant.'

460   sîme vater seit erz zehant

und sîner muoter dar zuo:

'waz woltir, daz ich dar umb tuo?

---

445 h⁵ H. h. her T. N.
446 Ist ein so gevoge man M, Is ein so gar gevüge man B, Is eyn so gevüge man N.
447 Und] He N. mir min reht (recht N) MBN. s. verre v. N.
448 noch] eyne N. magt H.
449 Initial BN.
450 Gode zů deme i. N. vil]alle N. lieve B, leyve N.
452 geliget B.
453 Initial M. dic H. magt H.
454 anz M, an dat B, ant N. lebn H.
455 Initial N. Ysote B.
456 T. he e. N. umb H.
458 U. wil (wilt N) Y. MBN.
459 blünde B, blünde N.
460 § B.
461 461-2584 fehlen M. mutter H.

ez ist im von mir unvertragen.'

'dâ soltuz dînen vriunden klagen,

465 mannen unde mâgen.

[131vb] Tristan soltu vrâgen

waz er meine dâ mite.

vil geselleclîche in bite,

daz er sînen muot *wandele*

470 und baz Ŷsôten handel*e.*

sî daz erz niht *tüeje,*

sun, ob dich daz *müeje,*

daz lâ den lîuten werden schîn.'

hin reit dô Kâedîn

475 dâ er Tristânen vant.

ze dem sprach er sâ zehant:

'sage an, liebe Tristan,

war umb hâstu daz getân,

als Ŷsôt hât gesagt?

480 si giht, si sî noch ein magt

---

463 unvertragn *H.*
464 Dâ] So *N.* Du salt id *B.* sagen *N.*
466 Tristanden *B.* solte *H.*
468 gesellencliche *B*, gesellenclich *N.*
469 wandele *fehlt H.*
470 ysoten baz *B.* handel *H.*
471 471-472 *fehlen BN.* tuge *H.*
472 muge *H.*
473 Des biede (bidde *N*) in durch (dûrch *N*) den willen din (min *N*) *BN.*
474 *Initial B.* Hin] Hey mede *N.*
475 tristan *N.*
476 eme *N.* sâ *fehlt BN.* alzehant *B.*
477 *Initial N.*
480 sait *N.* ein *fehlt BN.*

dar umb bin ich dir niht holt.

vür wâr, dû gelouben solt,

daz ez wesen *muoz* dîn tôt.'

Tristan sprach: 'daz ist âne nôt.

485 ob du mich erslüegest

oder mir iht hazzes trüegest,

ein dinc sprich ich âne vâre:

ein Ŷsôt hân ich, diu ist sô clâre,

daz ûf der erde *nie* kein wîp

490 *gewan* sô wünneclichen lîp.

la e bele mu avenanz,

si hât an schœne des lobes *kranz*

gesetzet ûf mit werdecheit.

ich lîde nâch ir manec leit.

495 si ist ein küneginne.

mit herzen ich si minne

âne mâze manege stunt.

si hât schœner mînen hunt

---

482 d. dat g. *N.*
484 § *B.*
485 erslüges *B,* erslûges *N.*
486 iht] ouch *B.* haz *B.* drüges *B,* drôges *N.*
487 spreche *N.* vair *N.*
488 Eyne *N.* Eine ysoten *B.* clair *N.*
489 erden *BN.* me *H.*
490 Hat *H.*
491 Labele mi avenianz *B,* Labele in vavenians *N.*
492 schoyndē *N.*   den *N.*
493 gesetzzet *H.*
494 irre minnen l. *N.*
495 eine *B,* eyne *N.*
498 helt *N.* minnen *B.*

danne mich dîn swester habe, Ŷsôt.

500 Kâedîn, *tuo* mir den tôt,

habe ich umb ein wort gelogen:

ir lîp an schœne ist unbetrogen --

ich wolte, du hœtes si gesehen!'

'Tristan, *zw*âre daz m*uo*z geschehen.

505[1²2ra]ich wil sehen gerne

dîner sunnen morgensterne

und dîner ougen meienschîn.'

'lieber geselle Kâedîn,

sâ zehant sô daz geschiht,

510 dîn munt Ŷsôte vil schœne giht.'

'ir schœne ich gerne sehen wil.

nû *gi*p der wârheit schiere ein zil,

ob dû vor mir genesen wilt.'

'sô st daz zil dâ hin gezilt

515 über sehs wochen oder ê.

ob ich der wârheit abe gê,

500
501 m. an d. *N.*
502 Hain *N.* wort] har *B.*
503 schoynden *N.*
504 heddestu *N.* hates *H.*
505 *Initial B.* zwâre *fehlt B.* id *B.*
506 *Initial N.* w. si s. *N.* gerne sien van verre *B.*
508 Dins herzen *BN.* morgensterre *B.*
509 § *B.*
510 Sâ *fehlt BN.*
511 ysoten *B*, ysotē *N.* schonē *B*, schoyndē *N.*
512 schoynde *N.*
513 Nû *fehlt BN.* gibe *H.*
514 van *B.*
515 *fehlt H.* de zijt *N.*
516 Ower *N.*

sô sî ze tœten dir gegebn

mîn vil lebelîchez lebn.'

Tristan, des dunket mich genuoc

520 swaz dir mîn herze hazzes truoc

der hât mit vriuntschaft ende.'

Ŷsôt diu wîzgehende

was Tristâne niht zeholt,

daz er vür si dekeine Ŷsolt

525 in sîme herzen hœte baz.

nû hât sich gevuoget daz,

dâ diu herberge was

dâ stuonden bluomen unde gras.

dâ wâren zwei gezelt, niht mê,

530 geslagen ûf den grüenen klê.

ich wœne, si wâren des herzogen.

dô sich daz liut hât în gezogen,

man schuof in allen guot gemach,

manege hütten man dâ sach

---

[517] vor dot (doit *N*) *BN*.

[518] löbelichez *B*, levendes *N*.

[519] § *B*.

[520] Wat *N*.

[521] D^ser *H*, Dat *N*. have *BN*. vriunschaft *H*.

[522] *522-574 fehlen BN, dafür:*

 B: So sich diese rede verende   *N:* Of sich dese rede verende
  Als ich id rehte han vernũmen   Als ich zů rechte hain vernomen
  § Binnen des was tristande kůmen Binnen des was tristan eyn bode komen
  Ein bode van der künengin   Van der vil sůzen koningin
  Da er was und kahedin   Da he was in keydin
  Ein brief bot er im in die hant   Eynen breyf boit he eme in die hant
  Dar an er geschrieven vant   Da an he geschreven vant

[525] hercen *H*.

[527] Daz *H*.

[533] Wan *H*.

535 von grüenem loube geslagen.

si vuoren birsen unde jagen.

dô wurfen den stein genuoge

mit schimphlîcher vuoge,

genuoge schuzzen den schaft.

540 dô reit eteslich geselleschaft

und sâhen valken vliegen.

ân hazzen kriegen

was dâ under den vrouwen;

swer vrouwen wolte schouwen,

545[135vb]der mohte dâ vil schœne sehen.

Tristan reit und wolte spehen,

er und der geselle sîn,

der hôchgemuote Kâedîn,

wâ si vunden eine stat

550 dâ si geschuzzen zem blat.

ze blaten er begunde,

wan er vil wol kunde

manege tagalde.

dô si wâren in dem walde,

555 ez quam gevarn ûf si ein rêch,

daz was als ein agelster vêch.

---

536 jagn H.
538 schimplicher H.
541 vligen, darüber e·H.
553 tegelte H.

der schüzze si vergâzen,

dâs in der sâze sâzen,

daz ir dewederre niht schôz:

560 daz rêch sîner varwe dâ genôz.

ez *vuor* gein in beiden,

daz ez si kunde gescheiden

und den sô wol bekande,

hin ze dem man ez dâ sande:

565 was daz niht ein wunder grôz?

ûz dem ôren warf ez in daz schôz

Tristâne einen brief, ein vingerlîn.

dô Tristan sach des goldes schîn,

vil wol er ez bekande.

570 daz rêch neic Tristande.

sâ zehant ez von im lief,

Tristan las dâ sînen brief

und swaz dar an geschriben was.

welt ir, ich sag *iu* waz er las:

575 'ei Tristan, bêâs âmîs,

du hâst verlorn dîner triuwen prîs

an mir, Ŷsôt der armen.

Tristan, lâ dich erbarmen

---

570 neich *H.*
573 gescriben *H.*
574 luch *H.*
575 *Initial N.* Hie *B,* Hey *N.*
576 der *N.*
577 ysoten *B.* der] vil *B.*

34

mich, vil leiderîche Îsôt.

580 Tristan, gedenke maneger nôt,

die ich durh dich hân erliten.

Tristan, geselle, ich wil dich biten

durch werdes ritters êre;

[132va] scheide mich von herzesêre!

585 Hânt hôhen namen, helm und schilt;

ob dû bî dem belîben wilt

sô tuo mir rehte unde in zwein.

Tristan, ez ist noch ganz mîn ein,

ine weiz, obz dîne sî zerkloben.

590 ich muoz nâch dîner minne toben,

ob dû niht schiere kumst ze mir.

Tristan, gedenke wol dô wir

in der fossiure lâgen

und liebe mit sorgen phlâgen.

595 dîn lîp mir nihtes dô verzêch.

Tristan, sich, diz ist daz rêch,

---

⁵⁷⁹leidenriche B.
⁵⁸¹erlieten H.
⁵⁸²geselle] herre B, here N. bieten H.
⁵⁸³werdes ritters] diner wirden (wirde N) BN.
⁵⁸⁴herzensere N
⁵⁸⁵Haf N. name B.
⁵⁸⁶den B, in N.
⁵⁸⁷tun H.
⁵⁸⁸Tristan fehlt B. gantz H.
⁵⁸⁹Ich enweiz B. obz dîne] ob (of N) din half BN. zû cloven N.
⁵⁹⁰minen B, minnen N. tobn H.
⁵⁹¹591-614 fehlen BN.

daz ich in dem walde zôch:

dô man ez jagete, *zuo* mir ez vlôch,

dâ mîn gezelt geslagen was.

600   ich half dem rêhe, daz ez genas,

sît was ez bî mir manigen tac.

eines tages ich grôzes jâmers phlac.

als ich dicke bescheinde,

nâch dir ich sêre weinde,

605   .   .   .   . *weinen*

sîne triuwe an mir bescheinen.

dô sprach ich: "und möhtestû

mir ze trôste komen nû?

du trôstest mich, daz sihe ich wol."

610   in der kumberlîchen dol

seic ich nider und entslief.

diu Minne gap mir disen brief,

ze boten si mir daz rêch *beschiet*.

ich tet, als si mir geriet:

615   disen brief, den sant ich dir.

Tristan, daz ich dîn enbir,

daz *tuo*t mir herzelîche wê.

ine weiz, waz ich spreche mê:

---

605 *fehlt H.*
610 kumerlichen *H.*
611 seig *H.* entslief *aus* enslief *ver-*
612 disn *H.*   *bessert H.*
613 beschiht *H.*
615 Disn *H.* Des saltu wal (wale *N*)

616 gelouben (gelôven *N*) mir *BN.*
617 dar *B.*
      herceliche *H*, wirs danne *B*, wirser
618 dan *N.*
      Ich enweiz *B.* ich] nu *N.* sprechen
N.

dune komest schiere, sô bin ich tôt.

620 Tristan, dir gît dîn liebiu Ŷsôt

disen saeleclîchen segn:

dîn müeze got und sîn muoter phlegn.'

niht mêre er dâ geschriben vant.

[132vb] dô sprach Kâedîn zehant:

625 'Tristan, waz hâstû gelesen?

daz sage, mügez mit vuoge wesen,

anders sol ichz niht muoten.

ist dirre brief der guoten,

der vil blunden Ŷsôten?'

630 Tristan begunde rôten:

sîn liehte varwe, diu wart bleich,

sîns herzen kumber im entweich.

dar nâch wart sîn varwe vêch.

ungerne er Kâedîne verzêch,

635 des er in sô schône bat.

er bôt im dar des brieves blat

---

619 Du enkûmes B. Dû N.
620 dine N.
621 Disn H, Dese N. getruwelichen B, truwelichen N.
622 mutter H. g. van hemele p. N.
623 gescriben H.
624 § B.
625 Initial N.
626 Sage mirz (?-nur schwer lesbar) B, Sage id mir N. vôgen BN.
627 ich is B.
628 dis N. brif H.
629 vil] claren B, fehlt N. ysotēt H.
630 Initial B.
631 Sine N. lihte H, lieht B. diu fehlt N.
632 hercen H.
633 sine N. wech B, weich N.
634 er] her B.   636 § B.

und sprach: 'nû sich, Kâedîn,

den brief hât mir diu künegîn,

diu süeze Îsôte, gesant.'

640   dô sprach Kâedîn zehant:

'Tristan, ich hân hie gelesen,

dû maht wol vor mir genesen.

wilt dû die künegîn gesehn,

daz solt du schiere lân geschehen:

645   wir suln dar endelîche varn.'

'Kâedîn, jâ bin ich ze arn

ze varen ûf sô liebe vart.'

'mîns vater guot ist ungespart.

er machet uns vil wol bereit,

650   er gît uns pherit unde kleit,

goldes unde silbers vil,

---

637 Und] Er *B.* s. ke K. *ausgestrichen H.*
638 brif *H.* künegîn] vrauwe min *N.*
639 s. reyne Y. *N.*
640 § *B.*
642 wol] ummer *N.*
643 Woltu *N.* tu *H.* künenginnen *B,* koninginne *N.* sien *B.*
645 *645-648 fehlen BN.* soln *H.*
647 varn *H.*
649 *Initial BN.* Nu si wurden schiere b. *B,* Si worden schere b. *N.*
650 Er gît uns] Schone *BN.*
651 *651-832 fehlen BN, dafür:*

B: Die bereite man in beiden	*N:* De bereide man in beiden
Dat zil wart in bescheiden	De zijt wart in bescheiden
Wanne si kûmen solden	Wanne si komen sûlden
Swaz si van gûde wolden	Wat si van gûde wûlden
Des gaf man in allen die kraft	Des gaf man in groisse kraft
In und ir geselleschaft	In inde irre geselleschaft
§ Ûrlouf si dû namen	Orlof si da namen do
Vûr ysoten si dû quamen	
Zû der si ûrlouf namen do	
Tristan der sprach also	Tristan de sprach also

des nim sô vil du selbe wil.'

'Kâedîn, du sprichest wol,

got ez dir vergelten sol.

655   du hâst gevröuwet gar mînen muot.

du *tuo*st als der getriuwe *tuo*t,

der getriuwe tri*u*we kan êren.

wir suln von hinnen kêren

und hie niht langer bîten.

660   dû solt sammir rîten

ze dînem vater, den wil ich bîten,

daz er vernem mit senften siten,

[*133*^{ra}]   des ich an in welle gern.'

'Tristan, er muozs uns gewern.

665   wir suln im setzen hôhiu phant,

unser tri*u*we in sîne hant

und swern im danne zwêne eide:

die triuwe behalten beide

und daz wir *k*omen in *k*urzer vrist.'

670   'ich weiz, daz dû sô getriuwe bist,

daz dû behaltest wol den eit.

ich erkenne wol dîne stætecheit.'

Bî handen si sich viengen,

die gesellen beide giengen

---

657 triwe *H.*
661 bieten *H.*
663 wolle *H.*
664 muos *H.*

666 triwe *H.*
669 curtzer *H.*
674 bede *H.*

675 gehalsen vür den herzogen.

Tristan der werde wol gezogen

wart undære enphangen,

mit zuht wart an gevangen

des werden Tristandes bete.

680 nû hœret, waz der werde tete:

er danket im vil verre

und sprach: 'lieber herre,

ir habt mir *gu*otes vil getân

und hân noch vil *gu*oten wân,

685 daz ir mirs noch mê tuot.

ir vröutent dicke mînen muot;

daz *ru*oche *iu* got vergelte*n*.

ich hânz gedienet selten,

ich diene*z* noch und sol ich lebn.

690 *ru*ochet mir iuwer hulde gebn,

ich wil heim in mîn lant.

ich hân ein lant, *w*ie ez sî genant,

dar inne manne unde mâge,

die ich *iu* ze dieneste wâge,

695 swer *iu* iht ze leide tuot.'

'Tristan, ich erkenne wol dînen m*u*ot:

___

687 iuch *H.*   vergeltent *H.*
692 swi *H.*
694 iuch *H.*
695 iuh *H.*

düwilt uns entrinnen

und verst dar umb hinnen.

du hâst mîne tohter gehônet,

700   ir schœnen lîp entschônet:

si hât von dir lasters mâl.'

[*133rb*]   dô sprach der hôfsche Kurvenâl:

'iu hât mîn her Tristan

niht ze laster getân,

705   daz berede ich hie an dirre stete.

er *tuo*t ir als man ie tete

bîligenden wîben.

ir müget sîner sælde entschîben,

welt ir an vröuden wol gelegen.

710   weder mit stœzen noch mit slegen

verlôser nie ir hulde.

herre, ân alle schulde

welt ir in in hazze hân.

gebietet ir, ir sult in lân

715   rîten heim zelande.'

'mir und Tristande,

vater, sult *ir* url*oup* gebn.

er hât gegebn mir sîn lebn,

dem sol ich tuon den tôt,

720   si niht schoener sîn Ŷsôt,

---

702 Done *H.*   curvinal *H.*
712 a. rede s. *ausgestrichen H.*
717 ir *fehlt H.*   urlob *H.*

danne Ŷsôt, diu swester mîn;

und giht, si habe sîn hundelîn

verre baz, danne si in habe.'

'dâ mit kumt er niht abe,

725 ine heiz im tuon den tôt.

er hât mich und dich und Ŷsôt

an êren gar geschendet,

unser hôhe vröude erwendet:

des muoz im sterben nâhen.

730 wie künde im ie versmâhen

Ŷsôt, diu süeze clâre,

daz er in eime jâre

nie hin zuo ir geruochte,

daz er an si versuochte,

735 ob si wolde oder enwolde?'

dô sprach· diu magt Ŷsolde,

diu süeze wîzgehende:

'Tristan ist ellende,

ez ist laster, der im iht tuot.

740 vater, verkêre dînen muot

[133va] unde beganc dekeine schande

an mîme Tristande

machtû verwirken dîn heil.

ine gebe aber ime niht mînen teil

---

745 umb dirre guoten lande driu.

Tristan ist höfsch und getriu,

sîn lîp mich wol ergetzet,

· · · · · · · ·

und genidert mînen hôhen muot.'

750 'tohter, swaz dich dunket guot,

des wil ich dir niht versagn,

Nû sagt mir, ze welhen tagn

ir wol kumet beide.

des swerent mir zwêne eide:

755 swenne ir rûment diz lant,

ir komet her wider zehant

als ir geschaffent iuwer dinc.'

dô sprach Tristan der jungelinc:

'wir komen, sô wir êrste mügen,

760 unser werdecheit wir dran betrügen,

ob wir an triuwen wancten,

ritterlîchen prîs wir krancten.

ich weiz wol, daz ein vrum man

âne triuwe niemer werden kan.

765 swar wir daz zil nû gelegen,

daz leisten wir oder wir enmegen:

daz zil sî gesprochen

über zwelf wochen.'

747
748 ergezet, *darüber* t *H.*
748 *fehlt H.*
758 Done *H.*

761 wacten *H.*
766 enmogen *H.*
768 wohen *H.*

'des wil ich gerne beiten.

770 varnt, lânt iuch bereiten

mit pherit und mit kleiden.

ich wil gebn iu beiden,

swaz ir gerne wellet habn,

semît, purpur oder sabn,

775 oder brûn scharlachen,

des heizent kleider machen.

oder welt ir tragn scharlachen rôt?'

'nie herre ez rittern baz gebôt,

danne ir uns, herre, habt getân.'

780 sus sprach der werde Tristan,

[133vb] 'got michz gedienen lâze!'

si wurden ûf ir strâze

bereitet harte schiere,

werde ritter viere,

785 Kâedîn und Tristan,

Kurvenâl und Paligan,

die wâren ir gesellen.

genuoge waenen wellen,

daz si niht knehte hâten.

790 der wâren si wol berâten;

si vuorten zweinzec knehte,

die wâren nâch knehtes rehte

772 luch H.
775 775 f. vertauscht H.
777 ir fehlt H. scarlachen H.
783 schire H.

786 Kurvinal H.
789 heten H.
792 knechtes H.

wol geriten und gekleit.

ieder der ritter ein pherit reit,

795 daz schœne was und sanfte truoc.

gar ir gereite, daz was kluoc:

ir setele unde ir zöume,

geladen wâren ir söume

mit vil grôzer rîcheit,

800 si vuorten manec rîchez kleit,

des gewürhte was von golde.

swaz iegelicher haben solde,

des was er bereitet wol.

sich huop dâ kumberlîche dol

805 nâch den rittern reinen

wart dâ michel weinen.

etslich vrouwe diu saz dâ,

der lîhte ir einer lac sô nâ,

daz si nâch im trûrete

810 und liep von leide sûrete.

Ŷsôt diu wol getâne,

diu sprach ze Tristâne:

'owê, lieber Tristan,

owê, herzelieber man,

---

797 zeume H.
798 seume H.
801 gewuhte H.
802 habn H.

804 hub H.
808 nach H.
809 nah H.

815   wie dû mich herzeleides,

daz dû nû von mir scheides

durh ein ander Ysôten!

mîn vröude diu muoz tôten

und lît vil gar dâ nidere.

820 [*134ra*]dune komest schiere her widere,

ine wirde niemer mêre vrô.

mîn dinc gevüege sich alsô,

daz ich, herre, dich noch gesehe.

got helfe mir, daz ez geschehe

825   in vil kurzen zîten!

wie sol ich dîn erbîten,

mîn vil lieber Tristan?

âne dich gesach ich nie den man,

des mich ie geluste.'

830   vil minneclîch er si kuste.

er sprach: 'süeze Ysolde,

ine wart niht als ich solde.

durh got solt du varen lân,

swaz ich dir leides hân getân;

835   ich erkenne wol mîne schulde.

got gebe, deich dîne hulde

---

816 vun H.
825 kurtzen H.
833 tu H. d. mich v. B. varn H.
834 Wat N.
835 erkenne B.

noch verdienen müeze,

sô ich niemer geleben müeze

mit êren keinen lieben tac.

840 der al die werlde vröuwen mac,

Dem wil ich, vrouwe, dich ergebn.

der beware dîn êre und dîn lebn,

nieman baz dîn gephlegen kan.'

von ir schiet dô Tristan

845 und vuor gein Tyntaiône

nâch hôher minnen lône

ze Ŷsôt der liehtgemâlen.

nû bat er Kurvenâlen,

in die schiffunge varn;

850 er sprach: 'dû solt daz bewarn:

sage nieman, wer wir sîn.'

'owê, lieber herre mîn,

ich erkenne iuwer dinc nû lange wol

und waz ich tuon und mîden sol:

---

838 Und min unzûht gebüze B, Inde mine unzûcht gebûysse N.
839 839-840 fehlen BN.
841 Vrouwe (Vrauwe N) ich wil dich gode e. BN.
842 bewar B. dine N.
843 dîn baz (bas N) BN.
844 schit H, voir N.
845 Tyntaleone B, tantalione N.
846 Nu bat he kur na m. N.
847 vsoten B.
848 § B. Nû] Ovch N.
849 In die] Hin na N. schiffungen B, schiffûngen N.
850 daz fehlt N.
851 niemanne B.
853 nû fehlt N.
854 Und fehlt BN.

855 ich *tuo*n daz liebe und mîde daz leit.'

der höfsche Kurvenâl dô reit

an die schif*f*un*g*e.

wie im daran *g*elun*g*e?

[*134*^rb] wol *g*elücke in an sich nam:

860 als er an daz mer bequam,

einen schifman er dâ vant,

der enwas im niht bekant.

als in der *marnæ*re ersach,

harte *vrœlîche* er sprach:

865 '*g*ot wille*k*omen unde mir!'

'*g*ot lône *iu*! wannen varnt ir?

*sæ*lic man, daz sult ir sa*g*n.'

'ich *vuo*r in dis*en* sehs tagn

von der stat ze Tintaliône,

870 dâ lebt mit vröuden schône

der künec und diu künegîn.

ich sach dâ mane*g*en liehten schîn

855
857 *855-858 fehlen BN.*
859 schifungen *H.*
860 *859 f. umgetauscht BN.* Wol] Gût *B,* Gûyt *N.* geluke *H.* in an] man *B.*
861 *Initial B.* Als] Nu *N.* quam *BN.*
862 *Initial N.* schiffeman *N.*
863 was *N.* niht] da vor *N.*
864 § *B.* m^s nnere *H,* schifman *N.* sach *BN.*
865 vrolichei *H,* vrölichen *B.*
866 Sit g. *B,* Gode *N.* wilkûme *B.*
868 § *B.* iuh *H,* uch *BN.* vart *BN.*
869 § *B.* disn *H.*
870 tyntalyone *B,* tantalione *N.*
872 levent *B.*
     dâ *fehlt B.*

von wîben und von mannen.

koufliute vuortich dannen

875   mit in harte rîchez guot.

nû tuon ich als der werbende tuot:

ich bîte ob ieman quæme,

dem wære mîn dienest genæme;

ich vüertin dar oder her,

880   swâ hin wære sîns willen ger.'

'nû sage mir, liebe meister guot,

stât hin wider iht iuwer muot

van dannen ir gevaren sît?

mîn hant zelône iu drumbe gît

885   vil guote sterlinge

swære niht ze ringe:

ich hân dâ rîche mâge.'

'mit urloube ich iuh vrâge,

ist iuwer kompânîe iht mê?'

890   'enruochet wiez dar umbe stê,

ob ich iu wol mit guote tuo.'

'herre, dâ râtent selbe zuo,

---

875 Inde m. N.
878 min dienst (devnst N) were BN.
880 Of war so were N.
881 Initial BN. saget N, saget nachträglich aus sage verbessert B.
884 Mine N. iuh H, uch BN. uch drümbe zû lone B.
886 S. und (inde N) n. BN. nüge ceringe B.
888 § B. urlobe H. iuh fehlt N.
889 kompânie] compan H, geselleschaft B. neit N.
890 § B. Nu rûchet N.
891 ich mit gûde uch voldo N. iuh nachträglich eingefügt H, uch B.
892 § B. râtent] sieht B, radet N.

ungerne ich iuch bedinge.

swie mir dar an gêlinge,

895   an iuwer gnâde wil ich ez lân.'

nû quam geriten Tristan

[134va]   und vrâgete wie ez dâ stüende:

'Kurvenâl, waz bistu tüende?

hâstû den *marnœ*re gewert?'

900   'der *marnœ*re nihtes an uns gert,

wan als ich im gerne gibe.'

'Kurvenâl, ê ich belîbe,

ich wolt im geben tûsent marc.'

der *marnœ*re sprach mit *witzen* karc:

905   'ir gelônet mir, herre, wol.

got uns mit helfe helfen sol,

daz wir *k*omen an daz stat:

dâ tuot ir mîme gebreste mat.

daz weiz ich wârez als ich lebe,

910   ir gebet mir sô *g*uote gebe,

894 Wev N. erlinge N.
895 Initial B.
896 Initial B.
899 gerieten H. g. her T. B.
900 m̃nnere H, schifman N.
901 § B. mernere H, schifman N. nihtes an] hat niht an B, neit van N.
902 Wan] Dan N.   gegert B.
903 ich] id B.
904 I. geve im (eme N) e t. BN. gehn H.
905 § B. mernere H, schifman N. wizzen H. starc N.
906 lonet N.
907 unse helpe wesen s. N. helfe] lieve B.
908 de stat N.
909 tuot fehlt N. minen gebresten B, mine gebreche N.
909-914 fehlen BN.

dâ von ich wirde rîche.

nû gebârent dem gelîche,

als ir von hinnen wellent,

iuwer gebœrde ze dieneste stellent.

915   ir edelen betscheliere,

vüerent her an schiere

rosse und swaz dar *ûfe* lît.

wil got, ir sît in kurzer zît

mit mîner dienden helfe brâht,

920   swar iuwer wille hât gedâht,'

sus sprach der wîse schifman,

'swennez allez kumt her an,

sagt an, ze welhen enden

sol ich die *segele* wenden.

925   dâ bringe ich iuch vil schiere hin,

âne zwîvel ich des bin.'

aber sprach dô Tristan:

'meister, wizzet ir Lîtan?

---

913 wollent *H.*

915 edele *B,* edel *N.*   betschiliere *H,* bescheliere *B,* beschelere *N.*

916 Nu v. *BN.* vüret *B,* voret *N.*   in *N.*

917 Ros *BN.* wat *N.* use *H.*

918 Wil] Weis *N.*   si *B,* sûlt *N.* kurtzer *H.*

919 dienden] hende *B, fehlt N.* h. sin b. *N.*

920 Dar *N.*

921 921–922 *fehlen BN.*

923 Nu saget z. *BN.*

924 die selege *H,* den segil *B,* de segel *N.*

925 925–926 *fehlen BN.* schire *H.*

927 *Initial BN.*

928 wizet *H.* ir] zû *N.* Lytan *HBN.*

rehte des endes kêret,

930   als beste iuwer sin iuch lêret.'

'Lítan weiz ich lange wol,

ich gibe des jâres dâ manegen zol.

dâ ist Thynas gesezzen,

ein helt vil vermezzen.

935   er ist des küneges *sene*schalt,

sîn *muo*t an tugenden manecvalt.

[134vb]   er kan uns *suo*ze enphâhen,

swenne wir im genâhen.'

'ist daz wâr?' sprach Tristan.

940   'jâ ez, herre.' 'sâ schiffent an!'

der meister tet, als man in hiez,

in gotes namen er an stiez.

in kurzer zît er komen was

ze Lítan, *dâ* was Thynas

945   an daz stat gesezzen.

sîne ougen begunden mezzen

930 A. uwer sin uch beste 1. *B,* Als uch ur sin 1. *N.*
931 § *B.* Lytan *HN.*
932 dâ *fehlt N.*
933 *933–938 fehlen BN.* tynas *H.*
936 tscinitschalt *H.*
939 § *B. Nach* tristan *Interpunktionszeichen H.*
940 § *B.* ez *fehlt BN.* so schiffet *B.* so schiffe wir dan *N.*
941 *Initial N,* § *B.*
942 an] ave *N.*
943 § *B.* kurtzer *H.*
944 lvtan do *H.* tvnas *H.*
945 daz] eyne *N.*

wannen daz schif waere.

er sprach zem marnœre:

'wer sint dise geste?'

950 der schifman des niht weste,

wer ir dekeiner wœre.

Thynas, der lobebœre,

Tristânen wol bekande,

er sprach: 'ze mîme lande

955 sint alle gote willekomen.

iuwer kunft hât mir benomen,

hân ich irgen keinen *muot*,

der niht ist ze vröuden *guot*.

sît willekomen tûsent stunt!

960 ich *hân* vunden einen vunt,

der mir *vil* vröude machet.

mîn herze gein iu lachet!'

'Thynas, daz vergelte dir got!

dîn wille was ie mîn gebot.

<hr>

948 *Initial B.* m⁸nere *H.*
949 de *N.*
950 wiste *H.*
951 enkeiner *B*, evnich *N.*
953 Tristan *N.* erkande *BN.*
954 diesme *B*, desen *N.*
955 Sôlt ir sin g. (gode sin *N*) *BN.*
956 komen *N.*
957 Hettich *B.* Alle den m. *N.*
958 were *BN.* zû vrouden were *N.*
960 hân *fehlt HN.* vinden *N.*
961 viel *H.* vrouden *B.*
962 Mit *H.* iu] im *B*, uch *N.*
963 *Initial BN.* Her T. *N.* uch *BN.*
964 Dîn] ÿin *BN.* mîn] din *BN.*

965 dîne triuwe *tuo* am ende schîn.

wie gehabet sich diu vrouwe mîn,

Ŷsôt diu küneginne?

mir hât dicke ir minne

dîner triuwe helfe erworben:

970 *Th*ynas, ich *wae*re verdorben

niuwan dîn getriuwer lîp.

Thynas, Ŷsôt daz reine wîp

mac mir den tôt *ald* daz lebn

nû wol gewelteclîche gebn;

975 ûf ir gnâde hân ich gesworn,

[*135ra*] ine woltez noch niht hân verborn,

ich wizze ein wîp, diu mînen hunt

mit phlege baz hât ze aller stunt,

danne mich diu hât, bî der ich was.

980 noch ist ir lîp mînes lîbes gas,

swie heinlich ich ir *wae*re.

hie ist ein speh*ae*re,

---

965 Dîn *B.*
966 habit *B.* gehabet sich] vert *N.*
967 künengímme *B.*
969 truwen *BN.*
970 Tynas *H.* w. dicke v. *N.*
971 Wan *B,* Ayn *N.* d. vil g. *BN.*
973 t. und (inde *N*) a. *BN.* al *HBN.*
974 gewaltencliche *B,* geweltenchlichē *N.*
975 ich han *B.*
976 Ich *BN.* wuldis *B,* wolde is *N.* enborn *B,* inboren *N.*
977 mine *B.*
978 phlege *aus* pheege *verbessert H.* have *B,* helt *N.*
979 have *B,* heilt *N.* wast *N.*
980 glas *B,* gast *N.*
981 Wey *N.*
982 spehere *B.*

der sol an ir die wârheit spehen;

lât sich nû mîn vrouwe sehen,

985   als ich von ir geheizen habe,

sô bin ich sterbens komen abe.

Thynas, nû wil ich dich biten,

du hâst ê nôt durh mich erliten,

daz niht mîn vrouwe an mir verzage.

990   ich kum morgen ê *dem* tage

verborgen in den dicken dorn

und mit mir dem ich hân gesworn,

si sî schœner und handele baz

mich und den hunt; des ist gehaz

995   Ŷsôt unde ir geslehte gar.

bite si schône komen dar,

daz si mich scheide ûz grôzer nôt.

Thynas, dû solt gebn Ŷsôt

diz vingerlîn. als si daz siht,

1000   sône hât si des zwîvel niht,

---

983 ir die] dirre *B.* wareit *N.*
984 mine *N.* sehn *H.*
985 i. id v. *B.*
987 *Initial N.*
989 Sage dat mine vrauwe neit v. *N.*
990 kûmen *B*, kome *N.* morgan *H*, morne *N.* dêm *H*, dem *B*, deme *N.*
993 handel *B.* halde *N.*
995 Mir Y. *N.*
996 si] de *N.*
997 grozzer *H.*
1000 So *BN.*

ine sî komen in daz lant.

ich hân versat ein liebez phant,

gar mîns prîses werdecheit;

daz lœse mir und sî ir leit,

1005 daz si sol verliesen mich.'

Thynas sprach: 'daz tuon ich.

ich wirbe als dû mich hâst gebeten,

sît mich mîn triuwe hât geweten,

daz ich weiz iuwer liep unde iuwer leit.'

1010 Thynas sô von dannen reit

und warp gar als er in hiez,

daz golt er an *den* vinger stiez.

gein Tyntaliône er reit.

nû wâren mit vröuden sunder leit

1015 [*135*^*rb*]der künec und *diu* künegîn.

Thynas quam gegangen dar în;

si spilten beide ûf dem brete.

Thynas höfschlîchen tete,

1001 Ich ensi (insi *N*) *BN*. die *B*.
1002 versetzet *B*. liebez] hohez *B*, hoes *V*.
1005 Daz] Of *N*. süle *B*.
1006 § *B*.
1007 *Initial N*.
1008 mine t. wist mit red** *N*.
1009 unde *fehlt N*.
1010 sa *B*, do *N*.
1011 gar *fehlt N*. er] man *N*.
1012 an] in *N*. d^s en vienger *H*.
1013 Tantalione *N*.
1014 Er (He *N*) was ein (eyn *N*) ritter vil gemeit *BN*.
1015 *Initial B*. kunigin *jüngere Hand B*.
1016 Tynas *H*. gegangen *N*. dar] zou *jüngere Hand B*, zû *N*.
1017 Da si *N*. beide *fehlt N*.
1018 Tynas *H*. hofslichen *H*, hövelichen *B*, hovelichen *N*.

er sprach: 'vrouwe künegîn,

1020   sol ich des spils der dritte sîn?'

'gan dirs der künec, ich gan dirs wol:

swaz guotes ich niht behalten sol,

des engan ich nieman baz.'

Thynas über daz spil gesaz

1025   und spilte schône mit in zwein,

daz golt im abe dem vinger schein.

als diu künegîn daz ersach,

in ir gedanken si dô jach:

'Tristan ist bînamen hie!'

1030   sâ zehant daz spil si lie

und gienc hin dâ ez heinlich was.

vil wol gemerkete Thynas,

daz Ŷsôt diu künegîn

erkande wol daz vingerlîn.

1035   Ŷsôt nâch Thynas sante,

vil verre si in mante,

1019 Initial N.
1020 spiles H. dirde N.
1021 § B. w** N.
1022 Wat N. behaven B, haven N.
1023 gan BN. niemanne B, nevmanne N.
1024 Tynas H. s. do saz N.
1026 abe] van B, an N.
1027 § B. Als] Do N. gesach B.
1028 iren B, irme N. gedanke N. dô fehlt BN. sprach N.
1030 sâ fehlt BN. si dat spil B. si van ir l. N.
1031 heimelich B, hevmelich N.
1032 wol fehlt N. mirkede dat T. N. tynas H.
1033 Ŷsôt] sa sin vrou B, sine vrauwe N.
1035 Initial B. tvnas H.

unde ir sîn triuwe niht verzige

und si niemer des verswige,

ob Tristan komen wære.

1040 'ich sage *iu* guotiu mære

unde gebet ir mir daz botenbrôt.'

'daz gib ich gerne,' sprach Ŷsôt.

'vrouwe, sô ist Tristan

in mîme hûse dâ ze Litan;

1045 daz vingerlîn hât er *iu* gesant.

ich wæne, ez ist *iu* wol bekant.

er ist in grôzen sorgen,

vrouwe, und kumet morgen

in *den* dorn vor dem tage.

1050 vrouwe, geloubet daz ich *iu* sage,

er dolt herzeswære;

ez ist ein spehære

mit im in dem lande,

[*135*^{ra}] dem stât sîn lîp zephande.'

1037 in B. Dat he sine truwe ir n. *N.* verswege *N.*
1038 Anders si in untruwen zege *N.*
1039 Inde sechte o. *N.*
1040 § B. iuh *H,* uch *BN.*
1041 gebe B. ir *fehlt BN.* des *N.* d. zû h. B.
1042 § B. gib] dûn B, doyn *N.*
1043 *Initial N,* § B.
1044 hûs *N.* dâ *fehlt BN.*
1045 Dat B. He hait dit vingerlin *N.* iuh *H,* uch *BN.*
1046 iuh *H,* uch *BN.* is *nachträglich über die Zeile eingetragen B.* erkant *BN.*
1048 und] nu B, he *N.* kumt *H.*
1049 In] An B. den *fehlt H.*
1050 iuh *H,* uch B, *fehlt N.*
1051 Er] Ir B. herceswere *H,* herzen swere B, groissen swere *N.*
1052 Ez] Ovch *N.* spheere *N.*
1053 desen *N.*
1054 leven *BN.*

1055   'Thynas, war umb stât sîn lîp?'

'er giht, vrouwe, er wizze ein wîp,

diu bietez sîme hunde

baz ze aller stunde,

dannez im *ie* büte Ŷsôt

1060   diu wîzgehande. von dirre nôt

sult ir in, vrouwe, enbinden.

lât iuch morgen vinden

schône und rîch*e* lebende,

daz ist im *vröude* gebende.'

1065   'daz t*u*on ich, Thynas, sammir got!

ist Tristan gewesen ir spot,

si werdent im ze spot*t*e.

sô schône ich mich gerotte

an dem tage morne,

1070   ist ieman in dem dorne,

daz der m*u*oz von wârheit jehen,

ern habe gehôret noch gesehen

1055 *Initial* B. tvnas *H.*
1056 § B. hait vergeit *N.* vrouwe *fehlt N.*
1059 Dan *N.* ie *fehlt H.* gebüde *B,* gebüde *N.*
1062 Nu lat *B,* Laist *N.* morne *BN.*
1063 rich *H.* leven *N.*
1064 ist] id *N.* vrouwe *H.* v. müge geven *N.*
1065 *Initial N,* § B. tvnas *H.* sammir] weiz *B,* weis *N.*
1066 geweist *N.* ir] sîn *B.*
1067 1064 f. *vertauscht B.* im] ouch *B.* spote *H.*
1069 [mor]ne *jüngere Hand B.*
1070 Erzeige ich mich vor dem *B.*
1071 der] er *B,* he *N.* von] der *B,* vor *N.* wair *N.*
1072 He inhave *N.*

an wîbe nie sô liehten schîn.

Petitcreu, daz hundelîn,

1075 bringe ich alsô schône dar,

swennes sîn *toeter* wirt gewar,

daz er gedenket: "ich *muoz* daz leben

wider Tristâne geben:

er hât mir wâr geseit."'

1080 diu blunde Ŷsôt diu niht vermeit,

zuo dem künege si gie,

den si vil *guotlîche* umbe vie.

si sprach: 'lieber herre mîn,

welle wir niht mit vröuden sîn

1085 zem blanken lande zwêne tagen

beizen, birsen unde jagen?

daz zimt wol der krône:

wir sîn ze Tyntaliône

gewesen gar ze lange zît.'

1090 'vrouwe, swar an dîn wille lît

1073 sô liehten] sôlgen *N*.
1074 Pittitcreu *H*, Pititecereu *B*, Pyticreu *N*.
1075 als *H*.
1076 Swenne is *B*, Wanne *N*.   tohter *H*, [dö]d^s *jüngere Hand B*.
1077 daz] sin *N*.   lebn *H*.
1078 Hern tristande wieder *B*, Tristan weder *N*.
1079 m. vil w. *N*.
1080 *Initial B*.   Die künengin dô *B*, De koninginne do *N*.
1081 s. dô g. *B*.
1082 Vil gûytlichen si in *N*.   gütlichen *B*.
1083 *Initial N*.   s. vil l. *N*.
1084 Wolle *H*, Willen *B*.   nih *H*.
1085 zô *BN*.   landen *N*.   zô zwein (zweyn *N*) *BN*.
1086 jagn *H*.
1089 Geweist *N*.   gar ze] nu *N*.
1090 swar] wa *N*.

und dîme herzen wol behaget,

daz ist dir vil unversaget.'

[135vb] die jegere er besande:

'varnt zem rôten lande,

1095 vüerent mit *iu* die hunde.

ich wil dâ kurze stunde

hân mit mîme gesinde;

und sehent, daz ich vinde

versetzet wol die warte

1100 oder ich zürn harte.'

'Wir tuon ez gerne,' sprâchen sie.

diu künegîn dô niht enlie,

sine batte schône ûf die vart.

zwiu tet si daz? nie schœner wart

1105 kein wîp danne Îsôte was:

si was der schœne ein spiegelglas.

des morgens dô ez wolte tagn,

Marke hiez dem gesinde sagn,

1092 **vil** *fehlt N.*
1093 *Initial B.*
1094 Vart *B,* Varet *N.* zû *N.* rotem *HN.*
1095 Vürt *B,* Inde voret *N.* iuh *H,* uch *BN.*
1096 kurtze *H.* d. kûrzewile evne s. *N.*
1098 Und *fehlt BN.* Sieht *B,* Seit *N.* i. da v. *N.*
1099 Versetzzet *H,* Besetzet *BN.*
1100 z. mich h. *N.*
1101 *1101-1106 fehlen BN.*
1106 spigelglas *H.*
1107 *Initial N,* § *B.* wolte] begûnde *N.*

daz ez zoget ûf die strâze.

1110 dô *gâhte* âne mâze

daz gesinde von dan.

nû was komen Tristan

in den dorn verborgen.

nû wâren si mit sorgen

1115 biz daz gesinde quam.

dô Kâedîn ir war genam:

'waz vert dort her, Tristan?

michel angest ich es hân.'

'gehabe dich wol, dir wirret niht.

1120 waz ob dir niht von in geschiht,

ez sint des küneges köche.'

'Tristan, in leide ich söche,'

sprach der küene Kâedîn,

'Tristan, waz sol jenez sîn?

1125 dort veret mêriu liute her!'

'Kâedîn, ez ist dirre und der

1109 D. si zogeden *N*.
1110 gehabt *H*, ilede *N*.
1112 § *B*.
1114 Nû] Dô *B*.
1115 g. vor q. *N*.
1116 § *B*.
1117 He sprach we v. da *N*.
1118 es] des *B*, ir *N*.
1119 § *B*. Gehalt *N*.
1120 Waz ob *fehlt N*. Dir van in neit in g. *N*.
1122 *Initial B:* ich lige in *B*.
1124 jenez] dat gevn *N*.
1125 Da *N*. mêriu] vil *B*, ever me *N*.
1126 § *B*. Kevdin hadde angest der *B*.

des küneges gesinde.'

'Tristan, daz man iht vinde

uns lûzende in den dornen:

1130   wir sîn die verlornen,

vint man uns verborgen.

[136ra]   Tristan, ich bin in sorgen,

suln wir lange hinne ligen,

sô enkan ez werden niht verswigen.'

1135   'Kâedîn, habe guoten muot

und wizze, daz dir nieman tuot

weder laster oder leit:

daz habe ûf mîne staetecheit.'

vür den dorn die komenden riten.

1140   daz si ir suochen dô vermiten,

der gast ein herze des gevie,

der sîne vorhte gar verlie.

er sprach: 'wir mügen nû genesen,

wil jener muot als dirre wesen,

1127 Vor des N.
1128 § B. Tristan] Sich BN. iht bevinde B, neit invinde N.
1129 lûzende] beide BN. dem (desen N) dorne BN.
1130 Of wir N. die *fehlt* N. verlorne BN.
1131 Vinde N.
1133 Sâle N. hie B.
1134 kan BN. verswiegen B.
1135 § B.
1136 Und *fehlt* BN. dir]uns B.
1137 oder] noch BN.
1138 Des N. ûf *fehlt* N. miner B.
1139 § B. die] si N. quamen gerieden (gereden N) BN.
1140 dô] gar BN.
1141 *Initial* N.
1142 Der] Und B, Inde N.
1143 Er sprach *fehlt* B. [mo]g[en] *jüngere Hand* B.
1144 Wilt dese schar als gene w. N.

1145 die ich sihe dort her varn.'

'got sol uns vor in wol bewarn,'

sprach der werde Tristan,

'Kâedîn, vil süezer man,

habe ze vorhte keinen wân:

1150 ez sint des küneges kappellân

mit dem heiltuome.'

'kumet danne dîne rôsebluome,

Ŷsôt diu liehtgemâle?

vil gerne ich hinne entwâle,

1155 biz ich gesihe ir liehten schîn,

si bringet mit ir daz hundelîn,

daz si durh dich allewege

hât in alsô schœner phlege.'

'Kâedîn, sine kumt noch niht.

1160 swenne diu sælde mir geschiht,

daz diu künegîn sol komen,

daz wirt sô sanfte niht vernomen:

mînes herzen boije

vert mit sô grôzer schoije,

1165   daz dû ez maht vil gerne sehen.'

'Tristan, waz sol uns nû geschehen?

dort kumt aber ein grôziu schar.'

'daz sint vrouwen wol *gevar*

der küneginnen Ŷsôten,

1170   manegen munt vil rôten

[*136rb*]   sihstu *vüeren* vür den dorn.'

die clâren vrouwen wol geborn

vür den dorn schône riten

in rîchen *kleiden* wol gesniten.

1175   ein ritter ie bî der vrouwen reit,

der ir vil *guotiu maere* seit:

maniger hande si *parliereten,*

die die vrouwen condeviereten.

si riten hin an ir gemach.

1180   aber Kâedîn dô sprach:

'Tristan, sich, waz *kumet* dort?'

'dâ *kumt* der tugende ein rîch hort.

1165 sehn *H.*
1167 § *B.* Sich d. *B,* Sich da k. *N.* evne *N.*
1168 § *B.* gewar *H,* gehar *N.*
1170 Manich *N.*
1171 Svs du *B,* Sistu *N.* varen *N.*
1172 clare *N.*
1173 § *B.*
1174 cleidern *B,* cleideren *N.*
1175 Ie ein (Ey eyn *N*) ritter *BN.*   der] einer *B,* eyner *N.*
1176 vil *fehlt BN.* meren *B.*
1177 1177–1178 *fehlen BN.* haliereten *H.*
1178 condvierten *H.*
1179 hin *fehlt N.*
1180 § *B.* sach *B.*
1181 sich *fehlt N.* cumt *H.*
1182 tugende] vrouden *B,* vrauwen *N.* rich^s *N.*

lâ rîten her diu *süe*zen kint,

wan si vil höfs*ch*, vil reine sint:

1185 Brang*œ*ne und Kamêle

sint curto*is* unde bêle.'

si kunden schône rîten,

bî dem dorne si solten bîten,

biz daz qu*œ*me Ŷsôte.

1190 ir *süe*zen munde rôte

reiten maneger slahte,

wie sichz gev*üe*gen mahte,

daz Tristan und diu künegîn

eine wîle bî *einander* möhten sîn.

1195 si reiten vil und gen*uo*c.

ze jungest vunden si den vuoc,

wie sich daz gev*uo*gete,

daz sich einz des andern gen*uo*gete.

Kâedîn sprach ze Tristan:

1200 'ein dinc ich nû ersehen hân,

1183 sûze *N*.
1184 hofs *H*, hoveschz *N*. vil] unde *B*, inde *N*.
1185 kanele *N*.
1186 Dey s. *N*. curtoyz *H*. liele *N*.
1187 Zû den selben (selven *N*) ziden *BN*.
1188 Solden si bî dem dorne b. *B*.
1190 süze *B*, sûze *N*.
1192 sich *HN*, si id *B*. mohte *H*, machte *BN*.
1194 Eine wîle *fehlt N*. and^sn *H*.
1195 *Initial B*.
1196 Ze] Si *B*. leste *N*. gevûch *B*.
1197 1197-1198 *fehlen BN*.
1198 [ein]s *jüngere Hand H*.
1199 *Initial N*.
1200 ersehn *H*.

Tristan, daz ich dir wil sagn:

ez wil ander warbe tagn,

mich dunket, der sun*n*en sîn *zwuo*.

got mir die genâde *tuo*,

1205 daz ich gesehe den liehten schîn,

des lûter kan gesîn,

den mîn ouge hât ervorht.

sît got ûz Âdams rippe worht

Êven, sît enwart nie kein wîp

1210[*136va*]sô schœne, als ist Ŷsôten lîp.

wol dich, Tristan, der sœlden grôz!

an sœlden ist nieman dîn genôz:

du hâst der sœlden groesten teil.

hie ist ein schœne, ein marveil

1215 an Ŷsôte der clâren.

ir schœne diu kan vâren,

wie si liep mit leide

gevüege dem herzen beide.'

1202 wilt *N.*
1203 Ich wene der sunnen (sûnnen *N*) der s. *BN.*   sunen *H.* sint *N.*   zwo *HN.*
1205 lihten *H.*
1206 Des] Der (De *N*) also *BN.*
1208 S. dat g. *N.*   ûz Âdames rippe] mit siner hende *B*, hadde *N.*   gewort *N.*
1209 sît] so *BN.*   wart *BN.*
1210 ist *fehlt BN*
1211 dich] dir *BN.*
1213 1213-1214 *fehlen BN.*
1215 1215 *f. umgetauscht B..* An *fehlt B.*   A. schoinden Y. *N.*   Ysoten *B,*
1216 ysoit *N.* d. vil c. *B.*
1217 Nevman inkan ervaren *N.*
1218 sin *N.* leide] leif *N.*
Gevuge *H.* den *N.*

Tristan was an vröuden hôch.

1220 nû quam Ŷsôt vür den lôch

unde erbeizete an die erde,

diu reine süeze werde

saz dô nider an daz gras.

nieman mê dâ bî ir was

1225 wan die megede unde Antret.

ir mâc bestuont si dô mit bet,

si sprach: 'lieber neve mîn,

rîte hin, brinc mir mînen schrîn;

ich wæne, des ist vergezzen dort.

1230 nû merke rehte mîniu wort:

sage dem künege, ich bîte hie.'

Antret dô des niht enlie,

er warp als in bat Ŷsôt.

Petitcreu ez Ŷsôt bôt

1235 schône und wol und dannoch baz.

Petitcreu vil schône saz

in Ŷsôten schôzen:

welch hunt möht im genôzen!

1219 *Initial B.*
1220 dat *N.*
1221 erbeizzete *H,* stoint af *N.*
1222 d. vil r. *B.*
1224 do *N.*
1225 Dan *N.* juncvrouwen *B,* junvrauwen *N.* autret *jüngere Hand B,* antrede *N.*
1226 mage *B.* m. den b. *N.* bede *N.*
1227 leyve *N.*
1228 hin] inde *N.* mîn *N.*
1229 des] id *BN.* ist] si *N.*
1233 warb *H.* bat] hiez *B,* heis *N.*
1234 Pititcreu *H.* gebot *B.*
1238 mach *B.*

sîn hûs daz was von golde.

1240 diu bêle blunde Ŷsolde

began ze triuten den hunt.

si kustin dicke an den munt,

si sprach: 'liebez hundelîn,

wenne sol ich den herren dîn

1245 sus küssen unde triuten?'

si begunde im dâ mit diuten,

daz er her vür gienge.

wie si in dô enphienge?

[136vb] vil minneclîche unde wol,

1250 als lieben vriunt sîn vriundin sol.

vil suoze kuste si den man:

'got willekomen, Tristan!

nû ist mîn leit vil gar zegân,

wan ich hie umb vangen hân,

1255 den ich mit herzensinne

vür al die werlde minne.

1239 daz *fehlt B.*
1241 Began ze] Begunde *B*, Begûnde *N.*
1242 kusten *H.* vor sinen *B.*
1246 tuten *H.*
1248 Wie *fehlt N.* Si do in *N.* enphinge *H. Interpunktionszeichen H.*
1249 minnenclichen *B*, mĩencliche *N.*
1250 lief *B.* sine *N.* vriundē *H*, vrünt *B.*
1252 Got] Sis *B*, Bis *N.* willekûme lieber T. *B.*
1253 *Initial B.*
1254 Wan] Sint *BN.* hie] dich *BN.*
1255 1255-1256 *fehlen BN.*

Tristan, ich muoz von dir gân,

ine getar niht langer hie bestân.

und kum nû schiere hin ze mir,

1260   du weist wol, dâ jüngest wir

bî einander lâgen:

wir suln eht aber wâgen

beidiu êre unde lîp.'

'ich tuon, rein sælic wîp.'

1265   'dune solt niht komen über den phlûn,

hie dissît stât mîn pavilûn

unde ander gezelte kleinez mê.

ich wil jehen, mir sî wê

und welle haben mîn gemach.'

1270   Brangæne dô vil verre sach,

daz quam der valsche Antret,

wan er ir vil leides tet,

Brangæne ez dô der künegîn

seite: 'liebiu vrouwe mîn,

1257 Initial N. m. nu v. N.
1258 Ich B. getar] dar N.
1259 Und fehlt BN. nû] du N.
1260 dâ] wa BN. zû leste N.
1262 soln H. eht fehlt BN. s. id a. ausgestrichen B.
1264 § B. reine B, vil gerne N.
1265 Du BN.
1266 Hie fehlt N. di^e sit H, dieshalf B, An deser side N.
1267 gezelt B. kleinez] kein B, fehlt N.
1268 sprechen B, sagen N.
1269 wil B, wile N. hahn H.
1270 § B. verre] schiere B, schere N.
1271 D. da q. N. antrede N.
1272 Want N. zû leide dede N.
1273 Initial N.
1274 liube H.

1275 ir sult varn von hinnen.

Antret mit valschen sinnen

gehônte iuch gerne ob er mac

und gelebet nie sô lieben tac,

als ob ez möhte gesîn.'

1280   dannen schiet diu künegîn,

Tristan vil jâmers phlac.

er gienc hin wider, dâ er lac,

unde leite sich an die warte.

Antret der gâhete harte

1285 her wider gein der **künegîn**,

er sprach: 'liebiu vrouwe mîn,

ir endurfent hie niht bîten,

[137ra] mîn herre der künec wil rîten

ein ander strâze dan dise,

1290 an der wünneclîchen wise

lebet in gemaches phlege.'

'daz tuot der künic mir allewege.

1275 solt H.

1277 Gehonct H, Krenkit B, Krengede N. gerne uch B.

1278 Und] He N. inlevede N.

1279 ez] dat N.

1281 Initial B. 1281 f. umgetauscht N. Inde siner lage p. N. viel H.

1282 hin fehlt N. w. in d. N.

1284 llde N. g. vil h. B.

1285 Hin N. gein] zû N.

1286 s. vil l. B.

1287 endorfent H, endûrft B, indûrfet N.

1288 wil fehlt B, wilt N.

1289 Evne N. strazze H, straisse aus strasse verbessert N.

1290 wiese H.

1291 L. he i. N.

1292 mir fehlt B. mir der koninc N.

ich waene, in mîn betrâget.

deiswâr, er wirt gevrâget

1295   mit zornelîcher vrâge,

wâ von in mîn betrâge.

nû hebe mich ûf, sô rîtich hin.

durh den ich hie belîben bin,

der selbe mir noch den dienest tuot,

1300   dâ von sich hœhen sol mîn muot.

ist nû mîn muot geneiget,

daz schuof, dâ hât erzeiget

der künic mir vîentlîchen haz.

nû wol, er tuot mir hernâch baz!'

1305   diu wîp mit listen sint vil karc,

si sprach: 'mîn herre, der künic Mark,

hât gesendet mir den tôt,

daz er niht tet, des ich im enbôt:

ich jach, ich wolte bîten hie.

1310   war umbe er dich dô bete erlie,

des enweiz ich niht die wârheit.

daz er ein ander strâze reit,

1293§ B.
1294wirtz N.
1295zornnelicher H.
1296Warumbe eme zû mir si trage N.
1297Initial BN. helfet (helnt N) mir u. BN.
1302Da mit hat (hait N) wal (wale N) e. BN.
1303vienclichen N.
1304Lichte deit he m. N.
13051305-1314 fehlen BN.
1307zwischen den und tot vertikaler Strich H.

sô guotlîche unde ichs in bat,

des ist mîner vröuden mat.

1315 Antret, mir ist harte wê.

got gebe, daz sô mîn ende ergê,

daz mich enphâhe diu trinitât,

diu manege erbarmunge hât.

mîn dinc ist nieman baz erkant:

1320 er weiz, der hât die hœhesten hant,

daz mir nieman lieber ist,

danne den ich in vil kurzer vrist

kuste suoze an sînen munt.

er hât mîn herze alsô enzunt,

1325 daz ez nâch liebe brinnet

und *nieman* vûr in minnet.

[*137ra*] Antret, wan wære ich an der stat,

dâ ich mîn gezelt hin slahen bat!

ine getriuwe niht gewern dâ hin

1330 in der siecheit unde ich bin:

den wîben ez in kurzer zît

ein jæmerlîchez ende gît.'

1315 *Initial N.*
1317 entpha *B,* intfe *N.*
1319 *1319-1326 fehlen BN.*
1322 kurtzer *H.*
1326 niem^s *H.*
1327 wan *fehlt BN.*
1328 zelt *B.* hin *fehlt B,* up *N.* geslahen *B.*
1329 Ich *B.* truwen *B,* truwē *N,* gewern] kûmen *B,* gevaren *N.*
1330 sicheit *H.* unde] als *BN.*
1331 *1331-1332 fehlen BN.* kurtzer *H.*

'vrouwe, nû gehabt iuch wol.

lebet ir nû in kumbers dol,

1335 von vriunde wirt *iu* daz benomen.'

nû was diu küneginne komen,

dâ ir herberge was.

von vriundes helfe si wol genas.

dô si vür ir gezelt bequam,

1340 Antret si an den arm nam

und tru*o*c si in daz gezelt.

Ŷsôt sprach: 'â dise werlt

kan ze g*ae*hen ende gebn

der mir gegebn hât daz lebn,

1345 dem sî mîn lîp und mîn lebn

an sîne gnâde gegebn.'

diu *v*rouwe in gedanken lac,

liebes und leides si phlac:

si hâte gehûset beide

1350 herzelieb mit herzeleide.

wie herzelieb? wie herzeleit?

si sorgete umb ir wîpheit

und wie si des ged*æ*hte,

wie si zesamene br*æ*hte

1333 § B. gehalt N.
1334 nû *fehlt BN*. in *fehlt N*. kummers H.
1335 vrönden B, vrûnden N: iuh H.
1336 § B. künengīnē B.
1338 wol *fehlt BN*.
1339 1339-1416 *fehlen BN*.

1346 [ge]g[ebn] *aus* b *verbessert* H.
1347 wrouwe H.
1350 herzelieb H.
1351 herzelip H.
1353 gedahte H.
1354 brahte H.

1355   sîn Ŷsôt unde ir Tristan,

          sîn liebez wîp, ir lieben man:

          swer diu zesamene bringen wil,

          der bedarf guoter liste vil

          und bescheidenlîcher vuoge.

1360   Kurvenâl der kluoge

          kunde wol höveschlîchen tuon:

          er brâhte brôt und wîn unde ein huon,

          die wâren verborgen in dem dorn.

          daz was Kâedîne zorn,

1365   er sprach: 'Kurvenâl, ouwê,

[137va] got gebe, daz uns wol ergê,

          daz dû bist dâ her în gegân.'

          dô sprach der werde Tristan:

          'ez missestât eime guoten man,

1370   der niht wan vorhte phlegen kan.

          Kurvenâl, nû sage mir,

          wan ich vil wol getriuwe dir

          aller wârheit âne wân,

          wie lebent ir ze Litân?

1375   wie lebet mîn marnœre?'

          'dâ ist er vröudebœre:

          ich lônde im sô mit golde,

          biz erz niemêr wolde.'

1363 den H.
1368 Done H.
1374 lebnt H.

1375 lebt H. m^snere H.
1378 niemmer H.

'zwâre sô hâstu wol getân.

1380   sol aber ich des haben wân,

daz er mîn gebîte dâ?'

'er sprichet, *wae*re er anderswâ,

er wolte wider her ze *iu* komen.

iu ist sîn dienest unbenomen,

1385   er wil sîn in iuwerm gebot.'

'des lône im der *süeze* got

und ouch ich sicherlîche:

ich mache in *guo*tes rîche,

sol ich hân, daz ich dâ hân.

1390   *K*urvenâl, nû solt *d*u gân,

niht langer ich dich hie lâze,

mît die rehten strâze

und *g*anc die holzwege hin.

als lie*p* unde ich dir bin,

1395   dîner triuwe niht an mir verzage,

kum morgen gein mir vor *dem* tage.

du weist wol unser warte,

dâ was der tiergarte.

1380 habn *H.*
1383 iuh *H.*
1384 Iuh *H.*
1385 gebote *H.*
1390 tu *H.*
1393 holtzwege *H.*
1395 liebe *H.*
1396 vorm *H.*

ich bîte dîn anderhalp des bach.'

1400 'ich tuon,' Kurvenâl dô sprach,

'ich tuon, swaz ir gebietent,

wan ir mich, herre, mietent

mit vil hôhem lône.

iuwer schilt der stât mir schône;

1405[*137ᵛᵇ*]ir sît mîn mâc, mîn herre.

got mir sîne gnâde verre,

ob ich iemer welle gemîden,

swaz ich sol durch iuch lîden,

ez sî übel oder guot.

1410 ez ist getriuweclîcher muot

an herren unde an gesellen,

die eines willen wesen wellen.'

Kurvenâl dô von im *schiet*,

als im sîn hövescher *muot* geriet.

1415 er dâhte ouch dicke nâch den zwein.

nû quam er sô verholne hein,

daz nieman wiste sîne vart.

der tac dâ ze einem âbende wart,

der künec Marke quam geriten

1420 mit vil vroelîchen siten,

1402 mitent H.
1407 iemmer H.
1412 wollen H.
1413 Curvenal H. schiht H.
1414 gerit H.
1416 verholn H.

1417 *Initial B.* Nu wart volendet diese (dese N) v. BN.
1418 dû B. Do id avent w. N.
1419 gerieten H.
1420 vrölichem B.

wan im was wol gelungen.

den alten und den jungen

hiez er vröude machen

mit maneger hande sachen:

1425   sagen unde singen,

tanzen unde springen,

höveschen unde seit spil.

dâ was kurzewîle vil

und swes der man geruochte,

1430   daz vander, ob erz suochte:

dâ endorfte nieman belangen.

       'sag an, wie ist ez ergangen?

Antret, wâ ist diu künegîn?'

'owê, lieber herre mîn,'

1435   Antret mit valsche sprach,

'si lîdet grôzen ungemach.'

'war umbe?' 'daz ir daz vermîdent

und niht vûr den dorn rîtent,

unde ist vor zorne vil nâch tôt.'

1440   'achach, diu vil sieche Ŷsôt

1422 Den] Die B, De N. und] zû B, mit N.

1425 1425-1432 fehlen BN.

1428 kurtzewile H.   1432 Interpunktionszeichen H.

1433 § B.

1434 § B. leyve N.

1435 A. do m. N.

1436 groz B, grois N.

1437 § B. Wa van BN. vormiedet B, vermedet N. Interpunktionszeichen H.

1438 Und] Dat ir B. neit im Rande eingetragen N. enriedet B, inredet N.

1439 1439-1444 fehlen BN.

1440 siche H.

wer sol machen si gesunt?'

'des minne si dâ hât verwunt,

der sol ir wunden heilen,

[138ra]   sînen lîp sô mit ir teilen,

1445   daz si genese der swære.'

'Antret, du seist diu mære,

der mich niergen gezimet

und mir gar die vröude nimet.

wâ ist geslagen ir pavilûn?'

1450   'obe dem brunne über den phlûn.

daz gebrehte si hie müete,

dort stânt die boume in blüete

und ist dâ anders guoter smac.'

'obe daz mit gevuoge geschehen mac,

1455   sô wil ich gerne Ŷsôten sehen

und waz ir sî von mir geschehen.'

ie mitten gie Brangæne zuo.

'Brangæne, rât mir waz ich tuo:

1445 si genese der] is irs herzen *B.* Des hait ir herze *N.*
1446 § *B.* diu] mir *N.*
1447 mir neit g. *N.*
1448 m. mine vroude gar benimt *N.*
1449 *Initial N.*
1450 § *B.* den brünnē *N.*
1451 1451-1454 *fehlen BN.* gebrahte *H.*
1453 smach *H.*
1455 Sô *fehlt BN.* Ich wil *B.* Ysoit wille ich gerne *N.*
1456 Und *fehlt BN.* van mir si *N.*
1457 *Initial B.* Hie mit *B,* Hey mede *N.*

                   wie gehabet sich Îsôte?'

1460   'ich lie si lîgen vür tôte:

               dâ brichet si daz gegihte,

               ir lebn daz *touc* zenihte.

               'sol si sus leben lange?'

               'ir rôsevarwez wange

1465   unde ir munt, *süe*ze unde rôt,

               die sint an rôter *v*arwe tôt.'

               'ich *wæ*ne, ieman erkande sie,

               der si sach, dô si dâ gie

               unde an dem lîbe was gesunt.

1470   si geniset in vil kurzer stunt,'

               sprach der valsche Antret,

               'der ir die erzenîe tet,

               dâ von si was sô wol *gemu*ot.

               ir arzât aber daz selbe *tu*ot

1475   in vil kurzer stunde,

               sô haben wir sie gesunde.'

               Brang*æ*ne sprach: 'daz gebe got,

               her Antret, *ez* ist iuwer spot,'

1459 gehelt *N*. ysoit *N*.
1460 § *B*. liegen *H*. Da lit si v. *B*, Herre da leit si v. doit *N*.
1461 *1461-1462 fehlen BN*.
1462 douch *H*.
1463 lebn *H*, ligen *N*.
1464 rosenvarwe *B*, rosenvarwē *N*.
1466 rôter] schoner *N*. warwe *H*, varwen *B*, varwē *N*.
1467 *1467-1513 fehlen BN*.
1470 kurtzer *H*.
1475 kurtzer *H*.
1478 ez *fehlt H*.

sprach diu juncvrouwe,

1480 'got gebe, daz man iuch schouwe

noch in solicher siecheit,

der von den líuten ist geseit:

[138rb] er wirt den líuten vil unwert,

swer wîbe lasters gerne gert.

1485 ine wil iu niht wünschen mê,

wan daz mîn wille an íu ergê.'

'Antret, du hâst einen valschen muot,

daz dir daz sô sanfte tuot,

swâ du übel sprichest.

1490 dîn heil du dar an zebrichest:

ich hazze dich dar umbe starke,'

sus sprach der künic Marke,

'du wirdest dar umb geschendet.

zwâre, ez ist unverendet,

1495 ine welle sîn an vröuden tôt,

stirbet mîn herzeliebe Îsôt.

. . . .

ich wolte gerne dîne nôt

haben, daz dîn swære

1500 deste ringer wære.'

'daz tæte iu nôt,' sprach Melôt,

'nie wîp ez manne wirs gebôt,

---

¹⁴⁸¹sicheit H.
¹⁴⁸⁶iuh H.
¹⁴⁹⁶herzelieb H.
¹⁵⁰¹tet iuh H.

danne siu tet alle ir tage.'

daz twergelîn mit eime slage

1505 er vaste überz houbet sluoc:

'nû swîgent beide, ez ist genuoc,

ine wil sîn niht dekeine wîs .'

dô quam gegangen Paranîs,

Ŷsôten kameraere;

1510 der künec vrâget in der maere,

wie ez Ŷsôten stüende.

'herre, dâ ist müende

daz gegihte, sagnt die vrouwen.'

'ich wolte si gerne schouwen,'

1515 sprach der künec, 'und möhtez sîn.

mich müet ir herzeclîcher pîn.'

'Herre, ez ist sus alse guot,'

sprach Brangaene diu wolgemuot,

'die vrouwen nieman sehen sol,

1520 sô si sint in siecheite dol

1505 sluch *H*.
1506 swigen *H*.
1508 pernls *H*.
1509 kemerere *H*.
1514 § *B*. Ich wil sien die künengin *B*, Ich wil seyn de koningin *N*.
1515 und *fehlt BN*. mach id *BN*.
1516 *fehlt BN*.
1517 § *B*. ist *fehlt B*.
1518 diu *fehlt N*. wolgemute *H*, stolz gemûyt *N*.
1519 insol *N*.
1520 Als *N*. si *fehlt H*. sicheite *H*, seicher *N*.

82

swie biz morgen ir dinc gestât,

mîn lîp *iu* daz wizzen lât,

[*138va*]   ir werde wirs oder baz.'

'vrouwe Brangæne, und *tuost du* daz,

1525   du maht michs manen iemer mê.

sage Ŷsôte, mir tüe*j*e wê,

swaz ir lîbe werre.'

'zwâre daz *tuon* ich, herre,'

sprach diu maget reine.

1530   nû gie si dan*n*e al eine,

dâ si vant Ŷsôten,

die lebenden niht die tôten.

der seite sie *guotiu mæ*re,

den künic swaere ir swaere,

1535   swaz ir *werre*, daz *wæ*re im leit:

'er *wæ*net an *iu* der siecheit,

daz ir niht siecher möhtet wesen.'

'Brangæne, ich bin wol genesen,

1521 Bis morne wey *N*. bestat *B*, stait *N*.
1522 iuch *H*, uch *BN*.
1523 1523-1528 fehlen *BN*.
1524 tu *H*.
1525 iemmer *H*.
1526 tuege *H*.
1530 *Initial B*. dan *H*, dannen *B*.
1532 levende *N*.
1533 Si sade ir *N*. guotiu] sulche *B*, sûlge *N*.
1534 Dem künenge *B*, Deme koninge *N*. swaere] were leit *BN*. ir] inde *N*.
1535 vvrre *H*. Er hat herzenclichez 1. *B*, He hait herzeliches 1. *N*.
1536 iuh *H*, uch *BN*. sicheit *H*.
1537 siech *B*. möget *B*, mûget *N*.
1538 § *B*.

als mir kumet Tristan.'

1540   *Tristan* iesâ *quam* gegân

unde Kâedîn, sîn *kumpân*.

Paranîs der vant si stân

under einem boume an dem schaten.

Tristan sanfte begunde *blaten;*

1545   Paranîs verstuont sich iesâ,

daz Tristan etswâ *waere* dâ.

er gienc under diu pavilûn

er bat der heinlîche machen rûn.

er seite Ŷsôten *mae*re,

1550   daz Tristan stânde *wae*re

dâ bî under einem boume:

'vrouwe, nemet des goume,

daz ieman belîbe hinne,

der iuwer dinc niht minne.'

1555   dô sprach diu küneginne wîs:

'wir drî und du, Paranîs,

1539Initial N. Als] Of *N.* kumt *H,* kümet *B,* komet *N.*
1540§ *B.* Tret *H.* iesâ] zû hant *N.* come *H.*
*1542*der *fehlt N.* si] in *BN.*
*1543*1543-1546 *fehlen BN.*
*1544*Tret *H.* belaten *H.*
*1545*Pernis *H.*
*1547*under diu] wieder in zûm *B,* weder zû deme *N.* gezelde *N.*
*1548*der *fehlt B* bat...] sade he welde *N.*
*1549*Er] Und *B, fehlt N.* Ysoden sagen m. *N.*
*1551*eynen *N.*
*1552*des] is *BN.* gaume *H.*
*1555*Initial *BN.* künenginnē *B.*
*1556*Perenys *B.*

84

mîn dinc weiz hie nieman mê.

swie got welle, ez mir ergê;

ich wil in sînem namen gân,

1560   mir bringen mînen Tristan.

wie kleine mich des betrâget,

[138vb] ez wirt aber gewâget:

hüeten oder lâgen,

sagen oder vrâgen,

1565   swaz mir von ime mac geschehen,

zwâre ich wil Tristanden sehen

und guotlîche an den arm legen;

niht si daz erwenden megen

Antret unde Melôt. '

1570   hin gie diu künegîn Îsôt,

diu süeze wolgetâne,

nâch ir vriunde Tristâne,

dâ er under dem boume stuont.

si tâten als die gelieben tuont:

1575   si hielsen unde kusten,

die munde si zesamene nusten,

1558 Swie] Of N.   ez] ei H, dat B, wey N.
1559 sînem] godes N.
1561 Wie fehlt N.   kleine] wenich BN.   Des wenich mich N.
1562 Ez] E N.   wart ir aber gesaget B.
1563 1563-1568 fehlen N.
1569 Nu hüdet A. B, Oych wey antert hûde u. N.
1570 d. süze k. N.
1571 d. vil s. B.
1572 irme BN.
1573 1573-1590 fehlen BN.
1576 nuschten H.

mît wiu, deist von mir ungeseit

(man müeze wesen ungereit

wan daz selbe dingelîn).

1580 'Ŷsôt, liebiu vrouwe mîn,

grüeze mînen sodâlen,

den schœnen liehtgemâlen:

er ist dînes kusses wol genôz,

sîn adel von vürsten ist sô grôz,

1585 daz er niht hoeher möhte sîn.'

'daz tuon ich,' sprach diu künegîn,

'got willekomen unde mir!

ich tuon swaz mir gebietent ir.'

'sœlderîcher Kâedîn,

1590 wir suln hie niht langer sîn.

gên inz gezelt und haben gemach.'

Ŷsôt ze Kâedîne sprach:

'sitzent zuo den kinden.

müget ir genâde dâ vinden,

1595 daz wil ich lâzen âne haz.'

Kâedîn zuo in dô saz;

mit vlîze begunder schouwen

wederre juncvrouwen

1584 vürsten *H*.
1591 Sie giengen in ir gezelt an ir g. *B*. Si geyngen beide an ir g. *N*.
1592 §·*B*. keydinen *N*.
1593 Sitzet *BN*.
1594 dä *fehlt N*.
1596 do zů in *N*.
1598 Welcher *B*, Wilcher *N*.

er sînen kumber mohte *k*lagen.

1600   ir einer erz begunde sagen,

[*139*^{*ra*}]   diu was genant Kamêle,

diu *gu*ote vrouwe bêle,

daz *sae*lderîche vrouwelîn.

hin ze der sprach dô Kâedîn:

1605   '**L**iebi*u* vrouwe reine,

mit herzen ich iuch meine

und mit sta*e*tem *mu*ote.

ir su*l*t durch got ze *gu*ote

mîne bete vervâhen;

1610   mîne ou*g*en nie gesâhen

kein kint, dem ich ie alsô holt

sî. vrouwelîn, du solt

mich lâzen hînaht bî dir ligen.'

'herre, des sî *iu* gar verzigen!

1614a   *wae*ret ir b*î* mir zehn wochen,

1614b   ez *wae*re ze vr*u*o gesprochen:

1599
1600 w*û*lde sinen k*û*mber *N*.
1602 erz] he *N*.
1603 Sî was schone b. *B*, Inde was de schone b. *N*.
1607 1603-1606 *fehlen BN*.
1608 *Initial N*, § *B*. Kahedîn (Keydîn *N*) sprach mit m. *BN*.
1609 *Vrouwe* (Vrauwe *N*) ir *BN*. solt *H*. durch got *fehlt BN*. ze] mit *B*.
1610 rede *BN*. intfain *N*.
1611 Min *B*. nie] de *N*.
1612 Kein] Ney *N*. ie] were *N*.
1613 Sî] Würde *B*. Min herze na uch k*û*mber dolt *N*.
1614 Wilt ir mich *N*. binaht lazen *B*. hinaht *fehlt N*. uch *N*. ligen,
darüber e *N*.
1614 § *B*. iuh *H*. Sî sprach dit sal (s*û*lde *N*) sin verswiegen (verswegen *N*) *BN*.
1614 1614a-1614b *fehlen H*. i. geweist b. *N*.

1615 ine wil iuh noch keinen man.

keinem man ich mîn sô gan

ûf sô ungewissez lebn:

mînen magtuom wil ich nieman gebn.'

Îsôt diu vroelîche lebende

1620 guote handelunge was si gebende

ir amîse Tristâne.

diu süeze wolgetâne

sprach ze Kâedîne sâ:

'Kâedîn, waz reist du dâ?

1625 daz muoz werden mir gesaget;

sweder magt dir baz behaget,

diu muoz hînaht bî dir wesen.'

'vrouwe, sô wære ich genesen

vor minneclîchem leide.'

1630 'nû sich si an beide:

swederiu dir baz gevellet,

zuo dir sich diu gesellet.'

1615 1615-1618 fehlen BN.

1619 Initial B. vrolichen N.

1621 Irme BN. tristande N.

1622 wale gehande N.

1623 keydinen N.

1624 tu H.

1625 mir werden BN. gesart H.

1626 Wilche N.

1627 m. noch h. N.

1628 § B. bin N.

1629 Van BN. herzelichem B, herzelichme N.

1630 § B. an si BN. bide N.

1631 Welche B, Wilch N. bevelle N.

1632 dich H. der sijs du N.

'vrouwe, sô gebet mir die maget,

der ich mîn leit hân geklaget:

1635   ob ich ein ander neme,

der Minne daz niht zeme.

Kamêle, süeziu maget guot,

nû habe wîplîchen muot

und gewer mich, des ich dich bîte.'

1640[139rb]'deiswâr, du handels mich dâ mite,

daz ich dirs gedanke wol.'

'vrouwe, ine mac noch ensol

mîn êre niht sô swachen.

ir welt disn ritter machen,

1645   daz er ez vür ernest hât.

mîn herze niender alsô stât,

daz ich iht durh in getüeje,

daz mich hernâch gemüeje.'

. . . .

1650   'ine wil des niht enbern,

dun legest dich zuo disem man.'

'swes ich mich niht erweren kan,

1633§ B. geht H. diu magt H.
1635 1635-1636. fehlen BN.
1637§ B. magt H.
1639 1639-1650 fehlen BN. biete H.
1647 getuge H.
1648 gemuege H.
1651 legst H. dism nan H. Lige hinnaht bi diesen m. B, Lich bi desen m. N.
1652 erwern H. Du handels mich war (vil wol N) dar (da N) an BN.

daz *mu*oz ich allez dul*d*en.

ich hân nâch iuwern hulden

1655 gedienet alsô manegen tac,

daz ichz *iu* niht versagen mac.'

'nû lône dir got, vil reine kint,

gar dîn dienest ist ein wint

biz an dise zîte.

1660 ine weiz, wes ich hie bîte!

wol dan, mîn her Tristan,

wir suln an unser *bette gân*

und haben senfte stunde,'

'mit swiu sô ich nû kunde

1665 iu gelieben mînen lîp,

daz *tae*te ich, trôstlôsez wîp.

mich entr*oe*stet nieman niuwan ir.'

'*Kamê*le, h*oe*re her *zu*o mir,

ich wil dir geben einen rât,

1670 daz dîn mage*tu*om dir bestât.

---

*1653*dulten *H*. *1653-1667 fehlen BN, dafür:* (Initial BN)

    B: Kamele vil wal wiste   *N:* Kamele vil wale wiste
       Alle ir vrouwen liste   Alle irre vrauwen liste
       Swaz ir gebiedet vrouwe min   Wat ir gebedet vrauwe min
       Dat dûn ich wan id müste doch sin   Dat doyn ich want id doch mûys sin
       § Die künengin sprach dô zû ir   Ysoit de koninginne sprach so zû ir

*1656*iuh *H*.
*1662*beite gar *H*.
*1669*gebn *H*.
*1670*dir din magedûm *N*.

ganc hin über jenen schrîn,

dar ûz nim daz küssîn,

daz ich under daz houbet mîn

lege, sô ich seneden pîn

1675   dole nâch Tristâne.

zehant sô wirdich âne,

swaz mir leides wirret.

ich bin des unverirret,

ine slâfe gar die zît

1680 [*139va*] biz mîn houbt darûffe lît.

daz lege Kâedîne

under daz houbet sîne,

sô muoz er slâfen al die vrist.

Kamêle, nû tuo disen list,

1685   sô behabestu dînen magetuom.'

'gnâde, vrouwe mîn, ich tuon.'

'dâ mit wil ich von iu gân.

got lâze iuh guote naht hân!'

1671 einen *B*, min *N*.
1672 kusselin *B*, kûsselin *N*.
1673 houbt *H*.
1674 sô] als *N*. senede *BN*. bin *B*.
1675 Dole *fehlt B*. Nah dem süzen T. *B*.
1676 Sa z. *B*.
1677 Wat *N*.
1679 Ich enslafe (intslafe *N*) *BN*.
1680 Biz] Die (de *N*) wile *BN*.
1681 saltu legen keydin *N*.
1682 houb *H*. sin *N*.
1683 1683-1688 *fehlen BN*.
1684 disn *H*.
1685 magtum *H*.
1687 iuh *H*.

dâ mite si von dannen schiet,

1690 Kamêle tet als *ir* geriet

Ŷsôte diu künegîn:

si leite daz *k*leine küsselîn

Kâedîne under daz houbet;

dô wart er sô betoubet,

1695 daz er nie erwachete.

Kamêle lac und lachete,

daz er was sô gar verzaget,

daz bî im lac ein clâre mag*et*

unde er nie ger*u*orte die.

1700 welt *ir* nû gerne hœ ren, wie

Ŷsôt und Tristan lâgen?

ich w*ae*ne, si samt phlâgen

vil minneclîcher minne;

ez wâren ir beider sinne

1705 verworren in der minnen aht.

ezn gewunnen zwei nie bezzer naht,

danne Tristan unde Ŷsôte.

si vlizzen sich genôte,

---

*1689*Initial *N*, § *B*.
*1690*er *H*, si *N*. i. vrou g. *B*.
*1691*Ysot *B*, Ysoit *N*. d. werde k. *B*.
*1692*kleine] selve *B*, *fehlt N*.
*1693*Keydin *N*. daz] sin *B*.
*1694*Da *N*.
*1696*Diesem Vers folgt (Initial B):* Tristan und die künengin *B*, Tristan
in de koningin *N*.
*1697*1697-1711 fehlen BN.
*1698*magt *H*.
*1700*ir *fehlt H*.
*1701*Wie Y. *H*.

daz si einander getœten,

1710   des sie beidiu vrume hœten.

si vlâhten arme unde bein,

grôz liebe was under in zwein:

ahî! wie wol sie kunden

küssen mit den munden!

1715   guotlîche umbe vâhen,

geben unde enphâhen

kunden si vil suoze:

mit süezer unmuoze

[139vb]   diu zwei gelieben lâgen.

1720   ir minne si alsô wâgen,

daz diu vil gelîche wac;

swer si sô gewegen mac,

der hât sœlde und gelückes vil.

si schuzzen beidiu an daz zil,

1725   als ez was ûf gestôzen.

der liebe niht kan genôzen,

der man nâch ir rehte phliget

und liep der liebe an gesiget.

ich kunde von minne sprechen vil,

1730   wan daz ichz mœre niht lengen wil.

1712 Die hatten wünne under in *B*, De hadden wûnne under in *N*.
1713 Als si vil wol (wale *N*) *BN*.
1714 Wan sys niht eirst begunden *B*, Want si is neit eirst begûnden *N*.
1715 1715-1738 *fehlen BN.* umb *H*.
1716 Gebn *H*.
1718 ummuze *H*.
1728 gesieget *H*.

diu minne ist bezzer danne *guot*:

swâ man ir rehte rehte *tuot*,

dâ engelſchet sich niht der minne.

Ysôt diu küneginne

1735   bî ir Tristande lac.

swaz minne man biz her gep*h*lac,

diu enkunde sich in niht gelîchen,

diu dâ lâgen geselleclîchen.

Nû begunde nâhen in beiden

1740   ein leidez danescheiden;

diu naht zetage gâhte:

diu *gae*hte in beiden brâhte

âne liebe herzeleit.

*Kamê*le diu juncvrouwe gemeit

1745   sô bî Kâedîne lac,

daz alsô erzeicte sich der tac,

daz er nie ger*u*orte sie.

diu ma*g*et dô des niht enlie,

si nam daz küssîn her dan.

1750   Kâedîn dô sich versan,

1736 gepflac *H*.
1739 *Initial N*, § *B*. in nahen *B*. machen *N*.
1740 liehtez morgen s. *B*, leitlîches s. *N*.
1742 *gae*hte] snelle *B*, snel *N*. hrehte, *darüber* a *H*.
1743 herzenleit *BN*.
1744 § *B*. maget *BN*.
1745 Also *BN*.
1746 alsô *fehlt BN*. sich erzeigede (erzûgede *N*) *BN*.
1748 magt *H*. des dû *B*. lie *B*.
1749 kusselîn *B*. her *fehlt N*.
1750 sich dû (do *N*) *BN*.

ẻr dẩhte: 'waz ist mir geschehen?

sol ich der wȧrheite jehen,

sȏ ist *werder* prîs an mir verzagt,

daz bî mir lac ein schœniu magt

1755 und ich die geruorte nie:

zwȃre mir ist geschehen hie,

des ich mich *muoz iemer* schamen.

[140*ra*] wer kunde sȏ mîn herze zamen?

michel wunder mich des hȃt.

1760 aller prîs mich gar vergȃt.

ich sihe wol, ich bin verzagt.

dirre tac ist mir betaget,

daz ich niemer überwinden kan.

wart ich geformet ze einem man,

1765 zwȃre deist an mir lützel schîn!

unsœliger Kȃedîn,

du ensolt mê niemer werden

sœlic ûf der erden:

Gelücke heiles mir verzȇch,

1770 dȏ ein schœne magt mir lȇch

1751 wey *N.*
1753 weder *H.*
1754 evne *N.*
1755 herȗrte *N.*   1757 iemmer *H.*
1760 mir *N.* zȗ gait *N.*
1761 *Initial N.* sevn *N.* verzagt *H.*
1762 Mir is hude evn dach h. *N.*
1763 Den *N.* neit verwinden *N.*
1765 Zwȃre *fehlt N.* des is *B.* lutzel an mir *BN.*
1766 Ich u. *B.*
1767 salt *N.* mê *fehlt BN.*
1769 1769-1776 *fehlen BN.* Gelukkes *H.*

ir lîp nâch minnengelte;

al diu werlt mich schelte,

daz ich ir dâ ir borc niht galt!

des ist mîn dâht vil manecvalt,

1775 wie ich wider verdiene ir minne.

daz ich der magt entrinne,

des mac si kleine sorge hân.'

 diu magt Kamêle quam gegân,

si sprach: 'wol iuh der minnengebe,

1780 die ich von *iu* enphie. die wîle ich lebe

mîn minne umb.iuh verdienen sol:

nie wîbe mit manne wart sô wol,

als mir mit *iu* ist gewesen.

vor liebe ich kûme bin genesen.'

1785 er wart der rede schamrôt.

si sprach: 'Tristan unde Ŷsôt

diu sint ûf gestanden.'

Sîedîn vor schanden

getorste die magt nie angesehen,

1790 er sprach: 'vrouwe, mir ist geschehen,

1777
1778 *Initial* B. In diesen (desen *N*) sorgen was der man *BN*.
1779 Kamele die iuncvrou *B*.
1780 iuh] un *N*. minnegebe *B*.
1781 envō *H*. von iu *fehlt N*. iuh *H*, uch *B*. di *H*, dî *B*.
1782 Ümbe uch ich id v. *N*. m. id u. *B*.
1783 wart mit manne *BN*.
1785 iuh *H*, uch *BN*. gewesen *N*.
1788 § *B*. reden van schamē (schame *N*) r. *BN*.
1790 Indorste *N*. nie die mait *B*. neit *N*. ansien *B*.
§ *B*.

                des ich niemer mê wirde vrô.

                mîn dinc gevüege sich alsô,

                daz ich iuwers lîbes minne

                mit dieneste wider gewinne.'

1795   'ir habt verdienet mînen lîp.

                Vrouwe Minne, diz wunder schrîp,

[140rb]   dâ gewahsen wîo dem jungen man

                ir lîbes eigenlîchen gan;

                ob er si danne maget lât,

1800   ich waene, dem man daz *missestât.*

                doch sît irs von mir unbeklaget:

                sît *iu* mîn lîo dô niht behaget,

                sô enbehagt ouch mir niht iuwer lîp.

                ich *wae*re ungerne iuwer wîo:

1805   ir sît zegar verslâfen.

                diu Minne solte wâfen

                schrîen über iuh, her Kâedîn.'

                'vrouwe, lât mir den lasterpîn,

                ich sol in billîchen haben.

1810   ich wolde lebende sîn begraben,

1791 Dat *N.* mê *fehlt BN.*
1792 invûge *N.*
1795 *1795-1800 fehlen BN.*
1796 schrib *H.*
1799 magt *H.*
1800 missetat *H.*
1801 *Initial BN.* Doch *fehlt BN.* Si
sprach ir sit (sijt *N*) *BN.*
1802 unbehagit *B,* umbeclaget *H.*
iuh *H,* uch *BN.* min lif uch *B.*

dô *fehlt BN.* n. wal (wale *N*)
1803 b. *BN.* behagt *H.*
Sô] Wist *N.* behaget *B,* oych
1805 behait *N.* n. wal i. *B.*
1808 so gar *N.*
§ *B.* V. nu l. *B.* lant *N.*
diese *B,* desen *N. ab diese
jüngere Hand B.*
1809 Den sal ich billich *BN. ab
1810 billich jüngere Hand B.*
ab [leven]de *jüngere Hand B.*

daz mir diz niht wære;

sô werende ist mîn swære,

daz si ist iemer werende

unde ich gar vröude enberende.'

1815 'Herre Kâedîn, nû helfe *iu* got!

êst lanc ê daz ich iuwer gebot

iemer mê behalte.

ich wart gar mit gewalte

an iuwer bette geleit.

1820 ir liezet mich âne arbeit,

herre, von *iu* scheiden,

des sol under uns beiden

ein stæte suone iemer sîn.'

'ouwê, ich armer Kâedîn,

1825 daz iuch mîn ouge ie gesach!

diu Minne an mir ir triuwe brach,

dô si iuh mir erwarp

und mîn gelust dô sô verdarp,

1811 diz] dieses ungefals *B*, alsus *N*.
w. geschein *BN*. *ab* ungefals
1812 *jüngere Hand B*.
Sus muys nu min hertz trurende
ghein *B*, Des mûys min herze
truren gein *N*. *außer* min
1813 *jüngere Hand B*.
iemmer *H*. Und is mir umm^s mere
w. *B*, Inde is mir ummer w. *N*.
1814 *außer* umm^s mere *jüngere Hand B*.
Unde *fehlt N*. ich *fehlt B*. i.
bin g. *BN*. vrouden *B*, vroudē *N*.
enbernde *H*. [enber]ende *jüngere*

1815 Hand *B*.
1816 § *B*. iuh *H*, uch *BN*.
1817 Est] Id wird *N*. daz ich *fehlt N*.
1818 Iemmer *H*, Ich ummer *N*.
1820 was *N*. gar *fehlt N*.
1821 liezzet *H*, erleisset *N*.
1822 iuh *H*, uch *BN*. gescheiden *N*.
1823 under *fehlt B*. u. nu b. *B*.
1824 Eyne *N*. iemmer *H*.
1826 § *B*. Auwe *H*. arme *N*.
1827 ir truwe an mir *B*.
1828 1827- 1830 *fehlen BN*.
verdarp *aus* verdapp *verbessert H*.

98

daz ich iuh geruorte nie

1830   und magt wesende von mir lie:

daz ist dinc, daz ich iemer klage

alle mîne lebende tage.'

Nû sach Tristan unde Ŷsôt,

daz sich der tac zetagene erbôt,

1835   Ŷsôt sprach, 'her Tristan,

[140va]   wol ûf, herzelieber man!

Tristan, du muost von hinnen.

mit herzeclîchen sinnen

müet mich unser scheiden,

1840   daz geschiht under uns beiden.

trûtherre mîn, nû sprich,

lieber man, wanne gesihe ich dich?'

'swenne dû gebütest, vrouwe Ŷsôt:

swaz mir dîn garzûn Peliôt

1845   von dir, liebiu vrouwe, seit,

zetuone bin ich des bereit.'

1831 Daz] Id *B*. dinc *fehlt BN*. iemmer *H*.
1832 levedage *BN*.
1833 *Initial BN*.
1834 zû liehte *B*, zû lichte *N*. bot *B*, boit *N*.
1835 1835-1836 *fehlen BN*.   1836 hercelieber *H*.
1838 her.ceclichen *H*; herzen jamers *BN*.
1839 Müdet *N*.
1840 D. nu g. *N*. under] van *N*.
1841 Tristan herre (here *N*) *BN*.
1842 man *fehlt N*. sieh *B*, sevn *N*.
1843 § *B*. Swenne] Als *N*.
1844 Swaz] Inde wat *N*. Piloit *N*.
1846 des bin ich *B*. Dat dovn ich in bins gereit *N*.

'nû küsse mich und phlege dîn got!'

'Ŷsôt, ich bin ze dîme gebot

swie dû gebütest, vrouwe mîn.'

1850 'Ŷsôt,' sprach dô Kâedîn,

'ir habt an mir missetân.'

'daz sult ir, vriunt, mich wizzen lân.'

'ich bin der taete noch ein gast.'

'waz mac ich, ob dir dô gebrast,

1855 dâ du soltest minnen phlegen?

ist niht Kamêle bî dir gelegen?

ein dinc dû gelouben solt:

ine wirdir niemer mêre holt,

ob si bî dir niht enlac.'

1860 'der magd ich niht gelouken mac,

sine sî bî mir gelegen.

ine hân aber niht mit ir gephlegen,

als man mit wîbe solde.'

dô sprach diu vrouwe Ŷsolde:

1865 'dâ bin ich unschuldic an.'

'geselle Kâedîn, gâ dan,

wir suln uns hie sûmen niht.

wizze vür wâr, swer uns gesiht,

1847 und] nu N.
1848 Ŷsôt] Vrouwe B, Vrauwe N. bin] stain N.
1849 1849-1890 fehlen BN.
1852 solt H.
1854 mag H.
1858 wirds H.
1861 gelegn H.

der seit ez iesâ Marke.

1870 wol hin, wir suln gein Karke,

sô wir aller rehtest mügen.

Ŷsôt, nû solt du wol gehügen,

wie wir uns habn gescheiden.

nû bevil*he* ich dich den beiden,

1875 [140vb] gote und der *mu*oter sîn.'

der vröudelôse K 'aedîn

sprach: 'ich vare hin als ich mac.

ich *mü*eze noch geleben den tac,

daz ich *iu* gelône des,

1880 ir wizzet wol, vrouwe, selbe wes.'

mit zorne schie*t* er von dan.

dô sprach sîn geselle Tristan:

'Kâedîn, wa*z* wirret dir?

wizze, daz niemer mêre wir

1885 samt gesehen vremediu lant.

unde enwære ich iemer niht geschant,

ez wære unser eintweders tôt:

du hâst bescholten mîn Ŷsôt.

vür wâr solt du wizzen daz,

1890 du hâst es mînen werenden haz.'

1872 tu *H.*
1874 hevil *H.*
1875 mutter *H.*
1877 Sprah *H.*
1879 iuh *H.*
1881 schied *H.*
1885 gesehn *H.*
1888 beschulten *H.*
1889 tu *H.*

nû giengen si gein der warte hin,

dâ Kurvenâl diu ors gein in

solte bringen vor dem tage:

er brâhter niht, des was in klage

1895   Tristan unde Kâedîn.

si ahten, wâ von ez mohte sîn,

daz diu ros niht wâren komen.

'si hât im etswer genomen,'

mit vorhten Kâedîn daz sprach,

1900   dô er Kurvenâlen sach

zuo im gâhen harte.

des weges er wênec sparte,

der ritter sîne vüeze reit,

daz was Tristâne leit:

1905   'Kurvenâl, wie verstu sô?

du verst sô, daz ichs bin unvrô.

sag an, wâ sint diu pherit, wâ?'

Kurvenâl antwurte im sâ:

1891 *Initial N. Nû fehlt BN.* Si giengen (geyngen *N*) *BN.* warten *B.*
1892 ros *N.*
1893 vur *H.*
1894 brahte *BN.* dat *N.* ir *N.*
1896 Si *fehlt N.* Dachten w. *N.*
1897 ors *B.*
1898 § *B.* hette (hedde *N*) in *BN.*
1900 Dô er] Tristan *BN.*
1901 gain *N.*
1902 wênec] niht *H.*
1904 tristan sere 1. *N.*
1905 § *B.*
1906 sô *fehlt N.* des ich *BN.* b. sere u. *N.*

'diu pherit diu sint dort beliben

1910 unde ich mit strîte dervon vertriben:

daz hât Pleherîn getân.

er *ruo*fte dicke: "Tristan,

kêre, helt, kêre!

[*141*^{ra}] durch dîner vrouwen êre,

1915 daz ist diu küneginne Ŷsôt."

swie *vil* **er** vrevel gein uns bôt,

nieman kêren wolte

noch gein im kêren solte.

ich vorhte, er mich bekande,

1920 den zoum ich von im wande

und kêrte hin gein Litân.

diu ros wir gar behalten hân,

niuwan einz, daz ist verlorn.'

daz was Kâedîne zorn,

1925 er sprach: 'wie *kome* wir hinnen?

ez was von unsinnen,

1909 § B.   da N.   belibn H.
1910 Unde *fehlt* N.   ich] bin B, Ich bin N.   der] da BN.   gedrieven B.
1911 phelerin B, pelerin N.
1912 rief B, reif N.
1913 K. a h. B..
1915 Daz ist *fehlt* N.
1916 Swi H, Wev N.   viel H.   vrevels er B, verevels he N.   gein *fehlt* N.
1918 in N.
1920 vn H.   wante H.
1922 örs B.
1923 Sûnder evn N.
1924 tristande B, tristan sere z. N.
1925 1925-1936 *fehlen* BN.

dô ich schiet von mîme lande.

ich hân *hie* die schande

bejagt, der ich mich iemer schame:

1930 gehônet ist mîn vürstenname.

ine kan niemer michs erholn,

ine *mûeze* schande und laster doln.'

'**S**wer sich selben schendet,

swem der daz missewendet,

1935 dâ ist er doch unschuldic an,'

alsô sprach her Tristan.

der im *daz* pherit hæte genomen,

der was ze Tyntajôle komen

und gie vür die künegîn,

1940 er sprach: 'lieb*iu* vrouwe mîn,

Tristan ist inme lande!

hiute ich an *in* rande

und bat in dur iuh kêren.

ern wolte iuh nie sô geêren,

1945 swi*e* v*i*l ich iuh genande,

daz er den zoum iht wande.

er vlôch vaste hin von mir,

vrouwe, daz geloubet ir,

1928 die *H.*
1937 *Initial BN.* diu *H.*
1938 tvntalyone *B,* tintaioele *N.*
1942 in *fehlt H.* in an *N.* rante *H.*
1944 Er *B,* He *N.* niht *B.* eren *B.*
1945 Swi *H,* Wev *N.* viel *H.*
1946 iht *fehlt BN.* gewande *BN.*
1947 hin *fehlt N.*
1949 des *BN.* gelouvet *B.*

104

       ich jagetin biz ze Litân în.

1950   sol daz vrouwenritter sîn,

       der ritterschaft sô vliuhet?

       ein ros man sam mir ziuhet,

[*141rb*] daz hân i'm an gewunnen,

       swie er mir sî entrunnen.'

1955   dô sprach Ŷsôt diu künegîn:

       'sagt an, herre Pleherîn,

       zwirt sagt ir mir diu mære:

       ob tôt her Tristan wære,

       daz wære mir als ein bœsez ei.

1960   dô iuwer munt nâch *tjoste* schrei,

       daz er dô niht kêrte,

       sînen prîs er dran unêrte:

       doch weiz i'z wârez als den tôt

       und nandent ir im mich, Ŷsôt,

1965   und wære er iender gewesen dâ,

       zwâre er haete gekêret sâ.'

       'vrouwe, ich nande iuh dicke.

       von mînem anblicke

1949 biz *fehlt N.*

1950 d. ein (eyn *N*) *BN.*

1952 Sin *N.* örs *B.* man *fehlt N.* sam] nah *B*, zû *N.* m. da z. *N.*

1953 i'm an] ich da *N.*

1954 Swî *H*, Wev *N.*

1955 *1955–1966 fehlen BN.*

1956 plehirin *H.*

1960 troste *H.*

1968 minen *N.*

Tristan alsô sêre erschrac,

1970   daz in iuwer minne ringe vac.'

'Pleherîn, dune hâst niht wâr,

daz wil ich sprechen âne vâr.

ê daz dû in getörstest jagn,

der kan den prîs sô wol bejagn,

1975   du bizzest in den vinger ê,

daz er bluote und tœtest dannoch mê:

du bræchest ûz diu ougen dîn!'

'ouwê, vrouwe künegîn!'

sprach Pleherîn, 'iu ist sô zorn,

1980   mîn rede bezzer wære verborn.'

der küneginne was vil leide.

si hæte die sorge beide

umb ir êre, umb sînen lîp.

'ouwê, ich sældelôsez wîp!

1985   unde ist Tristande iht geschehen,

daz ist mir leit: ich wilz besehen.'

1969 TR *H*. Alze sere tristan *B*. erscrac *H*, erscharch *N*.
1970 Der *B*. minnen *B*. ure minne in neit erwach *N*.
1971 *Initial BN*. Plehirin *H*. du *BN*.
1973 daz] dan *N*. dûrstes bestain *N*.
1974 Er *B*. Din gebagen sôlde dir wale vergain *N*.
1975 dinen *BN*.
1976 Daz er bluote *fehlt BN*. bluete *H*. und] Du *B*. tetist *H*. nochtan *N*.
1977 d. vürbaz m. *B*.
1978 b. e u. *N*. di *H*.
1979 § *B*.
1980 plehirin *H*. uch *BN*. sô *fehlt N*.
1981 Mine rede de were bas inborn *N*.
1982 *Initial N*, § *B*. koninginnen der w. *N*. vil *fehlt N*.
1983 hæte die] begunde *B*. di *H*. sorgen *BN*.
1985 ir] tristanes *B*. umb] und *B*. sin *B*.
1986 1985 f. *umgetauscht N*. Wat tristan si g. *N*.
1986 ...leit] So (Ayn *N*) bin ich dot (doit *N*) *BN*. wille *N*. besehn *H*.

106

sâ zestunt si sande

zir amîse Tristande,

si sprach: 'gâ her, Paranîs,

1990   du bist getriuwe, gewizzen, wîs.

weistû die schœnen warte,

[141*va*]   dâ was der tiergarte?

dâ verwîz Tristande

die vil grôzen schande,

1995   daz er sô gar verzagete:

dô man in hiute jagete

unde in durh mich kêren bat,

dô vlôch er hin gein der stat.

diu *v*luht mich hât beswœret,

2000   sînen lîp mir gar gummœret.

sich daz *d*u iht erwindest,

ê dû Tristanden vindest:

du solt in *s*uochen dâ er ist.'

iesâ an dirre selben vrist

1987 *1987–1988 fehlen N. Initial B.* Sehant *B.* s. dû s. *B.*
1988 Zû irme *B.*
1990 gewizzen] unde *B*, inde *N.*
1991 di *H.* schone *N.*
1992 Da saltu gahen harte *B*, Dar saltu gain harde *N.*
1993 Dâ] Und *B*, Inde *N.*
1994 vil] gar *B.* groze *B*, groisse *N.*
1998 Dat he do vln *N.* vloh *H.* hin *fehlt N.*
1999 fluht *H.* mir unsanfte dût *B*, mir sere unsanfte dûyt *N.*
2000 Si sweret mir herze unde mût *B*, Si besweret mir herze inde mûyt *N.*
2001 gummeret *H.*
2002 tu *H.* du dich neit underwindes *N.*
2003 Ê] Biz daz *B.* tristan *N.*
2003 *2003–2004 fehlen BN.* suhen *H.*

2005   Paranîs der gie von dan

        und quam dâ was Tristan.

        dem brâhter boesiu mære,

        waz gesaget von im wære

        der küneginne Ŷsôten.

2010   vor zorne begunder rôten,

        er sprach: 'herre Paranîs,

        behalt an mir dîner triuwen prîs

        und sage der küneginne

        mit wol verdâhtem sinne,

2015   daz du mich hie vunden hâst

        und noch bîtende lâst,

        biz mir koment diu runzît.

        ine gesach nie sô scharpfen strît

        und solt ich dar inne nemen den tôt,

2020   der mich baete durh Ŷsôt

        kêren gein der tjoste;

        durh mînes lîbes koste

2005 *Initial BN.* der gie] hûf sich *B.*
2006 do *H.* dâ was] hin zû *B.*
2008 gesagt *H.*
2008 koninginnen *N.*
2010 Van *BN.*
2011 § *B.* herre] leyve *N.*
2012 der *N.*
2014 verdahtim *H*, bedachten *N.*
2015 haist *N.*
2016 U. mich n. *BN.* n. hey b. *N.*
2017 kûmen *B.* rumzit *H.*
2018 Ich *B.* sach *BN.*
2019 Und] Ja *N.* drümbe liden *B.*
2021 Kêren] zû riden *N.*

wolt ich daz niht mîden,

ine wolte si durh si lîden.

2025 sage der lieben vrouwen mîn,

ich gelebe noch, daz Pleherîn

den tôt enphâhe von mîner hant,

daz er mir diu *maere* hât gesant.

erwirp mir Îsôten hulde,

2030 der mangel ich âne schulde.

[*141*^{vb}] nû ganc den wec, ich bîte dîn hie.'

Paranîs von dannen gie,

dâ er die küneginne vant.

vrœlîche seite er ir zehant,

2035 daz Tristande *wae*re *swae*re,

daz er an gelogen *wae*re:

daz wolter bewaeren

mit wârhaften *mae*ren.

'sage, wâ vunde dû in, wâ?'

2040 'zwâre, vrouwe, ich vandîn dâ

---

²⁰²³des *BN.* mîden] inberen *N.*
²⁰²⁴Ich *B.* wuldez *B.* Ayn sŭlde ich den lîf verzeren *N.*
²⁰²⁵*2025-2028 fehlen BN.*
²⁰²⁹Îsôten] ir *BN.*
²⁰³⁰mangel] darven *B.* Inde wey icht verschŭlde *N.*
²⁰³¹Swie id geschie ich gesien sie *B*, Inde mach ich ich sal si sein (*aus* sin *verbessert*) *N.*
²⁰³²§ *B.* von] dŭ *B.* P. begŭnde do zein *N.*
²⁰³³künenginnen *B.*
²⁰³⁴Vrœlîche] Der *BN.* sachte *N.* ir] ouch *B, fehlt N.* alzehant *B.*
²⁰³⁶an *fehlt N.* belogen *N.*
²⁰³⁸werlichen *B*, weirlichen *N.*
²⁰³⁹wunde *H.* *2039-2280 fehlen BN, dafür*: Dat id also niht geschach / (*Initial*) Tristan zŭ kurvenale sprach *B*, Dat eme also neit geschach / Tristan zŭ kŭrvenalen sprach *N.*
²⁰⁴⁰vanden *H.*

zer schoenen warte ob dem bach.

ich sage wâ von daz geschach,

daz er dô sô hât gebíten:

Pleherín der quam geriten

2045   hiute an dem morgen vru*o*

und sprancte sínen knehten zu*o*,

er jage si biz in die stat.'

'*Tristan* dich sô sagen bat,'

sprach diu küneginne Ŷsôt,

2050   'síne miete er dir dar umb enbôt,

daz d*û* im hülfest liegen.

mínes hazzes *kriegen*

m*uo*z er dar umb du*l*den:

er hât wider mínen hulden

2055   getân, da*z* vil lange wert.'

'*Tristan* iuwerre gnâden gert

wan er gar unschuldic ist!'

'swie sp*œ* her worte dû nû bist,

du ûz erredest mir niemer daz,

2060   ern m*üe*ze haben mínen haz.'

'w*œ*re *iu* danne daz niht leit,

vrouwe, im würde von mir geseit

2043
2048 gebieten *H*.
2050 Turh *H*.
2051 mite *H*.
    tu *H*.

2053
2 056 dulten *H*.
2060 Turh *H*.
2601 habn *H*.
    iuh *H*.

iuwer heslîcher muot:

iuwer güete im doch unrehte tuot!

2065 entriuwe ich wils in warnen,

Pleherîn muoz noch garnen,

daz er âne verschulde schulde

mangelt iuwerre hulde.'

hin gie dô Paranîs.

2070[142ra]der was beswœret manege wîs:

Ŷsôten zorn, Tristandes leit,

diu wâren gar sîn arbeit.

nû seiter Tristâne --

daz in tet vröuden âne --

2075 daz im Ŷsôt wœre gehaz

und wolte niemer verkêren daz

mit herzen noch mit muote.

'wes zîhet mich diu guote,

diu minneclîche, süeze Ŷsôt?

2080 ez ist mir ein michel nôt,

daz ich, vil armer Tristan,

ir hulde niht behalten kan.

nû wol, ez mac noch werden rât;

der mir den zorn gemachet hât:

2085 deiswâr er gât im an den lîp!

nû gesegene got si, saelic wîp,

und müeze ir êre wol bewarn.'

'wider zelande wil ich varn.'

'Paranîs, dû solt des niht lân,

2090   du engêst mit mir ze Litân.

dâ gip ich dir etswaz,

daz dû mîn rede deste baz

habest wider die künegîn.'

'nein ich, lieber herre mîn,

2095   ine kume niht mit iu dar.

würde man mîn dâ gewar,

so hætich den lîp verlorn.

herre, lât ez âne zorn.

dâ mit sît gote ergebn,

2100   der bewar iu êre unde lebn.

Paranîs von dannen schiet;

Tristandes vart alsus geriet.

der helt ze vüezen muoste gân

in die stat ge Litân,

2105   dâ sîn gesinde inne was.

schône enphiengin Thynas,

dem klageter sîne swære.

des warder vröuden lære,

2091

2092 gib H.

2093 tu H.

2100 habst H.

2102 iuh H.

2106 gerit H.

enphiengen Tinas H.

[142*rb*] er sprach: 'herre, gehabt iuh vol!

2110 Ysôte ich sô verwîsen sol,

daz si der zorn geriuwet

unde in niemer wider geniuwet.'

'nû lône *iu* got, vil süezer wirt,

ein swære mich in dem herzen swirt,

2115 diu noch daz lant bemæret.

wie sie mich hât beswæret,

ine wil ez niemer man gesagen.

ê ich die saelde mac bejagen,

daz von der selben swære

2120 wirt mîn herze læ re.

Kurvenâl, gâ her ze mir!

merke waz ich sage dir:

wir zwêne suln hie bestân.

heiz Kâedîn ze schiffe gân

2125 unde ander unser gesinde.

wizze, daz ich niht erwinde,

ine gesehe Ysôten.

swie si mir habe verschrôten

mînes herzen hôhen m*u*ot,

2130 ob si mir niemêr liev get*u*ot,

ich wil durh si belîben hie.'

'saget an, lieber herre, wie

2111 geriwet *H*.
2113 iuh *H*.
2117 gesagn *H*.

2120 herce *H*.
2132 liber *H*.

suln wir den lîp behalten:

die jungen *zuo* den alten

2135 sind uns alle gevaere?'

'du seist ein starkez mære.

wir suln harte wol genesen.'

'sô lânt daz schif hie bî *iu* wesen

biz ir verendet iuwer nôt.

2140 waz ob diu künegîn Ŷsôt

iu ir hulde sendet

unde iuwer swære swendet.'

'dîn rât mir harte wol behaget.

sô lâzenz sîn sî ungesaget

2145 mînme gesellen Kâedîne.

gip mir die triuwe dîne,

daz *du* *tuost* des ich dich bîte.'

[*142va*] 'herre, wer gap *iu* den site:

sol ich *iu* nû êrste swern?

2150 ich wil mîn lebn mit *iu* verzern,

swaz ir wolt, daz ich daz wil,

ez sî ernst oder spil.'

'*K*urvenâl, du sprichest wol.

ich gip von vröuden hôhen zol.

<hr>

2138 iuh *H.*
2141 Iuh *H.*
2147 tu *H.* biete *H.*
2148 gab iuch *H.*
2149 iuch *H.*
2150 iuch *H.*
2154 gib *H.* zol *aus* zorn *verbessert H.*

114

2155   ich lebe in grôzem leide:

ich hân die sorge beide

umb Ŷsôte unde umbe mich.

    weistu, Kurvenâl, daz ich

morgen gewant wil legen an,

2160   als ich sî *ein* siecher man

und vil gar malâtes,

ob dû mirz widerrâtes,

sô bin ich ungescheiden

von herzeclîchen leiden.'

2165   'herre, ez dunket mich *guot*.

iu ist bekumbert sô der *muot*,

mit swiu ir den geringet,

vil vrôude mir daz bringet.

ein dinc, herre, deist mîn rât:

2170   gên hin, dâ daz schif dâ stât,

und haben daz in unserre ah*t*,

daz wir hînaht in der naht

varen etswar anderswâ,

dâ wir doch sîn dem lande nâ,

2175   dâ wir ez mügen erlangen.'

'wol dan, unde gangen

2157 umb *H.*
2159 legn *H.*
2160 einen *H.*
2166 Iuh *H.*
2171 habn *H.*   ahte *H.*
2173 Varn *H.*

und sagen dem marnaere

unseriu gesatten maere,

wes wir uns habn berâten.'

2180 swaz si gerâten hâten,

nâch ir willen daz geschach.

Tristan ze sînem wirte sprach:

'*Thynas*, nû bewar dich got

und wizze, ich leiste dîn gebot:

2185 swâ sich mir daz *vuocte*,

gern ich mich dar *buocte*,

[142vb] dâ ich dir gedienen möhte

und dînen êren *töhte*.'

'**T**ristan, herre, wâ wilt du hin?'

2190 'von dannen ich gevaren bin.'

'wiltu niht belîben hie?'

'mich lânt hie niht belîben die,

die mich hazzent unverscholt:

ich *waene,*mir ist hie nieman holt,

2195 *Thynas*, wan du eine.'

'*süeze* ritter reine,

hât dîn *muot* des iht gezilt,

wanne du her wider *k*omen wilt?'

2177sagn *H*. mernere *H*. 2179Wes *aus* Wer *verbessert H.*
2182Trut *H*.
2183Tynas *H*.
2185fugete *H*.
2188dohte *H*.
2193unverschult *H*.
2195Tynas *H*.

'Thynas, daz ist mir unkunt.

2200 mir ist geschehen in kurzer stunt,

des ich niht vergezzen kan.'

'daz sage mir, herre Tristan .'

'Thynas, ine sage dirz niht.

in kurzer zît man wol besiht,

2205 daz ez mîn herze sêre müet

und lîhte ein zorn dâ von erblüet.'

'ine mac niht wizzen, waz ez ist.

einer megede sun, der heizet Krist,

der wîse dich des besten dran

2210 und bevilhe im iuh, her Tristan!'

Thynas dô von im schiet.

swaz Tristande Kurvenâl geriet,

nâch heile in beiden daz geschach.

zem marnære Tristan dô sprach:

2215 'stôz in gotes namen an,

meister, sæliger man!

kêrent iuwer sinne dar,

daz iuwer schif dâ hin gevar,

dâ ich wol verborgen sî

2220 zwêne tage oder drî

---

und dem lande nâhe vone.

ine wil scheiden niht der vone,

ê ich mich erriche

und die künegîn gespriche.'

2225   der meister tet als er in bat:

[143ra]   er hœtin schiere an jene stat

brâht, als sîn wille was,

diu heinlich unde schœne was.

    Tristan sâ von dannen gie.

2230   der herre gewarp, ich sage iu wie:

er slouf in bœse huderwât,

diu vromen man doch missestât.

an im geschach ein wunder,

ein list den kunder:

2235   ein salbe er under ougen streich,

daz im sîn liehte varwe entweich;

er wart vil ungeschaffen.

er nam eins siechen klaffen,

gein Tintajoêle er gie.

2240   er gewarp dâ, ich sage iu wie:

er gie vür die künegîn;

alse diu ersach ein vingerlîn,

2229 iuh *H.*
2231 slof *H.*
2232 missetat *H.*
2235 strich *H.*
2238 claffen *aus* caffen *verbessert H.*
2240 gewarp *aus* gewann *verbessert H.* iuh *H.*

daz er truoc an sîner hant,

sâ warder von ir bekant.

2245 er tet als im wære wê:

'bêle blunt Ŷsôt, purdê!

der iuwer gnâde suochet,

etswes ir den beruochet.'

diu künegîn mit zorne sprach:

2250 'Paranîs, den miselsiechen slach,

er wonet mir gar zenâhen bî!'

dar giengen starker knappen drî

und hiezen in balde ûz schaben;

si sluogen ûf in mit ir staben.

2255 diu künegîn Ŷsôte

lachete des genôte.

Tristan daz muote,

es wart sîn gemuote

dâ von leidec unde unvrô.

2260 zuo sînem schiffe gienger dô.

Kurvenâl seite er mære,

wie ez im ergangen wære.

Kurvenâl daz klagete

und bat, daz er niht verzagete,

2243 truch H.
2247 suhhet H.
2250 meselsiechen H.
2253 hiez H.
2257 Tristran H.
2261 ir H.

2265 [143rb] ez solte werden guot rât:

'sît si iuh geunêret hât,

sô wendet von ir gar den sin

unde vart gein Arundêl hin,

ze Ŷsôt der wîzgehanden.

2270 zuo alsô grôzen schanden

sît ir komen selten.'

'nein, ich wilz ir gelten

mit dem Karles lôte.

Kurvenâl, mir ist Ŷsôte

2275 ze herzen sô gebunden,

daz alle wîn niht kunden

si von mir gescheiden.

ez ist geschehen uns beiden,

daz wir ungescheiden sîn.

2280 ich wil Ŷsôt die künegîn

aber morgen gesehen,

swaz mir da von mac geschehen!'

'herre, swaz ist iuwer muot,

daz sol mich allez dunken guot.'

2285 'joch wil i'z niht vermîden;

heiz uns den snîdaer snîden

2268 arundez *H.*
2281 *2281 f. umgetauscht BN.* Ich wil die künenginnen sien *B,* De koninginne
2282 mûvs ich sein *N.*
2283 Wat *N.* do *H,* dar *B.* sal *BN.*
2285 § *B.* wat *N.*
2285-2294 fehlen R. Ich *N.* ez *H,* is *N.*

zwêne rôte röcke und schaprûn:

ich kume ir als ein garzûn.

ich wil besehen obe helfe daz,

2290   daz si von mir verkêre ir haz.'

'ich vörhte man uns erkenne.'

'Kurvenâl, waz denne?

ez ist niht anders wan ein tôt,

den lîde ich gerne durh Îsôt.'

2295   'saget an, herre, wie welt ir komen?

waz vuoge habt ir iu genomen,

daz ir die künegîn gesehet?

an swelhen herren ir danne jehet,

der ist vil lîhte in der stat,

2300   sô tuot man iuwerm lebene mat,

bevindet man, daz ir ez bint.

lieber herre mîn, erwint:

zwâre *man* nimet uns daz lebn!'

[143ra]   'Kurvenal, des hân ich mich **begebn.**'

2287 schaprûn *H.*
2288 komen zû ir *N.*
2289 wil *fehlt N.*
2290 kere eren h. *N.*
2291 2291-2294 *fehlen N.* vorhte *aus* vorihte *verbessert H.* 2292 danne *H.*
2295 *Initial N.* wie welt ir] wannen is uch *B.*
2296 vûgen *B.* hat *B,* hait *N.*
2297 küenginnē *B.* siehent *B,* seit *N.*
2298 wilchen *N.*
2300 Sô]Da *B.* live *N.*
2301 2301-2302 *fehlen BN.*
2303 wan *H.*
2304 § *B.* Kurvenâl *fehlt N.* m. gar b. *N.* gegebn *H.*

2305   'ouwê, lieber herre mîn,

          ich lebete gerne, möhtez sîn!'

          'trûtgeselle, gehabe dich wol.

          ich weiz, daz nieman sterben sol

          wan ze sînem gesatten zil.

2310   eines dinges ich dich troesten wil,

          daz uns nieman bekennet dâ:

          alle dîne vorhte lâ.'

          'wie mac daz sîn?' 'daz zeige ich dir:

          dâ wil ich machen, dâ von *wir*

2315   den *liu*ten werden unbekant.'

          Tristan machte sâ zehant

          an antlitze unde hâren,

          daz si den vremede wâren,

          den si doch wâren wol bekant

2320   und mit in quâmen in daz lant.

          Tristan nam eine bühse her;

          er tet, daz beide dir und der

2305 § B.
2307 § B.   halt N.
2308 daz] wale N.   insol N.
2309 Dan N.   gesatzten B.
2311 inkennet N.
2313 § B.   zûne N.
2314 So N.   dâ *fehlt* N.   mir HN.
2315 Dat wir den N.   werden] sin. N.
2316 § B.   T. de m. N.   sâ] *fehlt* B, sich N.
2317 So an N. u. an h. BN.
2319 wal waren B.
2320 u. de m. N.
2321 *Initial* N, § B.   ein B.   buchse H, bûsse N.
2322 dir] dis N.

122

bekande sînes lîbes niht.

ez was ein wunderlîch geschiht,

2325   daz er sich den entseite,

die er ze gesinde heite.

    hin giengen die kuriere.

si wâren harte schiere

ze Tintaiôle komen în.

2330   nû saz Ŷsôt diu künegîn

under einer schœnen linden,

ritteren unde kinden

half sie schouwen ir spile.

dâ was kurzewîle vile:

2335   man warf den stein und schaft *man schôz,*

under den kinden was ringen grôz.

die garzûne quâmen gegân.

sie giengen vür Ŷsôte stân,

ir gruoz si in schône bôt.

2340   'gramerzî, bêle Ŷsôt!'

2323 Bekanden *BN.* liebes *H.*
2324 Dat *BN.* eyne wûnderliche geschit
2325 (*über* sc *vertikaler Strich*) *N.*
2326 2325-2326 *fehlen BN.*
2327 heite *aus* hete *verbessert H.*
2328 § *B.* kreviere *B,* kroiere *N.*
2329 weren *H.*
2330 quamen *H.* in *fehlt N.*
2331 *Initial B.*
2332 einen *B.* schon[s] *H,* schoner *BN.*
u. ouch k. *B.*

2333 spil *BN.*
2334 kurtzewile *H.* kurzewilen vil *BN.*
2335 schoz·den schaft *B,* schois den
schagt *N.* schaft / Under den
kinden was ringen groz § man
schoz *H.*
2336 Ir spil dat was manigerslaft *B,*
Ir spil was manger slacht *N.*
2337 § *B.* gartzun *H.*
2338 ysoten *BN.*
2339 Irn *B,* Eren *N.* i. vil s. *N.*
2340 G. la b. *N.*

sprâchen die pedûne.

'wer sît ir garzûne?

[143vb] wannen sît ir komen her?

daz saget mir, ez ist mîn ger.

2345 sît ir beide an einem *man?*'

'nein wir,' sprach dô Tristan.

'nû traget ir doch gelîchiu kleit.'

'daz *tuon* wir durh gesellecheit,

wan wir von einem lande sîn.'

2350 'wâ lît daz?' sprach diu künegîn.

'ez ist Arundêl genant.'

'ist iu ein vrouwe bekant,

diu ist Ŷsôt genamet?'

Tristan sich der vrâge erschamet:

2355 er wart beleich unde rôt.

sâ gedâhte sîn Ŷsôt:

'bînamen diz ist Trist*a*n

und hât im selbe sô getân,

daz er nieman ist bekant.'

2360 'saget an, w*ie* sît ir genant?'

2341 Sprache *B.*
2343 wanne *N.*
2344 ist *fehlt B.* Wev of wat is ur g. *N.*
2345 van einen *B.* man *fehlt B.* b. gesant an evnē m. *N.*
2346 § *B.* w. vrouwe s. *B.* dô *fehlt B.*
2347 2347-2354 *fehlen BN.*
2355 Er] Inde *N.*
2356 Sâ] Zû hant *N.* sîn *fehlt N.*
2357 tristran *H.*
2358 im selbe] binamen *N.* selben *B.*
2360 § *B.* wi *H.*

124

sprach diu künegîn Ŷsôt.

'vrouwe, ich bin geheizen Plôt.'

'zwâre des enwaene ich niht.

saget an, werbet ir hie iht?'

2365   sprach sie und begunde lachen.

'wir werben nâch den sachen,

die wir werben vil kûme:

ê ich den hof doch rûme,

sô muoz ich erwerben --

2370   ine lâze niht verderben --

daz mich mîn herre werben hiez,

dô er mich von im scheiden liez.'

Ŷsôt an Tristanden sach,

vil suoze si hin ze im sprach:

2375   'bon betschelier acuteiz!

vil wol ich dînen namen weiz:

du bist geheizen Tristan,

mîn vil herzelieber man.'

2362 ⎰ B.
2363 ⎰ B.
2364   Id is anders umbe ure geschigt *N*.
2366 ⎰ B.
2367 ⎰ B.
2368   gewerven *N*. vil *fehlt BN*.
2369   doch den hof *B*. doch *fehlt N*. gerume *N*.
2370   1. id werven *BN*.
2373   Ich inlase *N*. Suld ich dar umbe sterven *B*.
2374   *Initial BN*.
2375   hin *fehlt BN*.
2376   bethschelir *H*. acûrtoeis *N*.
2377   Vil] Wie *B*, Wey *N*.
2378   tristran *H*.
       leyver herze *N*.

'genâde, vrouwe, ich heize alsô.

2380   iuwer zorn unde iuwer drô

hânt gemachet mînen sin,

[144ra] daz ich niht weiz wer ich bin.'

'nû weiz ich doch wol wer du bist.

wer hât gelêret dich den list,

2385   daz dû bist sus enbildet?

dîn antlitze ist erwildet

der forme und du soltest hân.

bêâs amîs Tristan,

verkorn sî mîne schulde.

2390   ich verseite dir mîne hulde,

daz Pleherîn mir sagete,

daz er dich ladende jagete

und bat dich durh mich kêren,

mir ze dienste, dir ze êren.

2395   dône woltest dûz niht hœren:

daz begunde mir vröude stœren,

2379 § B. Genaden *N*. v. heiz i. h. *ausgestrichen H*.
2380 drou *H*.
2381 Havent *B*, Hait *N*.
2382 niht *fehlt N*. inweis *N*.
2383 2383-2386 *fehlen BN*.
2385 tu *H*.
2387 2387 f. *umgetauscht N*. § *B*. Dit (Dat *N*) wil ich allet (allit. *N*) varen lan *BN*.
2388 tristran *H*.
2389 Vergeven *N*. sin dir die schulde gar *B*, si dine schûlde gar *N*. min *H*. *Diesem Vers folgt:* Ich vörhte man neme din hie war *B*, Ich vorte man werde din gewar *N*.
2390 2390-2400 *fehlen BN*.
2394 dir *aus* mir *verbessert H*.

dô Pleherîn daz seite.'

'waz möht ich, swaz er reite?

der rede ich doch unschuldic bin!'

2400   'Tristan, nû gâ von mir hin

hin wider ze dîme gesinde,

daz man hie iht bevinde,

daz dû bist in dem lande.

zehant ich dich erkande,

2405   dô du vür mich quæme

und mînen gruoz vernæme.

nû ganc den wec,' sprach Ŷsôt,

'und swaz dir sage Peliôt,

daz tuo: des soltu niht enlân.'

2410   'vrouwe Ŷsôt, sâ heiz in gân

in die habe ze Tribalesen.

vrouwe mîn, dâ ist mîn wesen.

swanne er kumt, dâ vindet er mich.

swaz er mir sagt, daz tuon ich.'

2401 Hin] Var BN.
2402 m. dich h. B. hie fehlt N. vinde B.
2403 tu H.
2404 bekande BN.
2405 quemes N.
2406 min rede B. vernemes N.
2407 Initial N, § B. den wec] enwech B, inwech N.
2408 Und fehlt BN. Wat N. saget N. Piloit N.
2409 du H. soltez H. dû du salt des B. lan B, lain N.
2410 sâ] fehlt B, de N.
2411 habe] stat N. tribalesn H, tribulesen BN.
2412 § B.
2413 Swanne] So B, Wanne N.
2414 Wat N.

2415 'dûz amîs, *d*u sprichest wol.

vil wol ich dich ergetzen sol,

lebestû in ungemache.

zeime tôren, vriunt, du dic*h* mache

und rich dich, swer dir habe getân.'

2420 'daz tu*o*n ich, vrouwe,' sprach Tristan.

[144*rb*] von Ŷsôten er d*ô* schiet,

sîn danevart alsô geriet.

vor vröuden spra*n*ger einen sprunc,

si *wae*ren alt, si *wae*ren junc,

2425 ir keiner môhte gespringen dar!

dô Tristan quam hin an sîn var,

er wart getân als er ê was:

sîn varwe lûter als ein glas.

di*e* ritter michel wunder nam,

2430 dô Tristan hin von in quam,

wer er wesen möhte?

diu sterke niht entöhte

2415§ B.   Duz *aus* Dus *verbessert* H, Dulz B.   tu H.   **spriches** *BN*.
2416dvs B.
2417gemache B.
2418vriunt *fehlt BN*.   dic H.
2419we *N*.   hait *N*.
2420§ B.   vrouwe *fehlt N*.
2421*Initial N*.   da H.
2422Er dede dû als si yme g. B., **He dede als si eme reit** .N.
2423Van *BN*.   sprancger H.
2424*zweites* si waeren] oder B, of *N*.
2425enkeiner B, ingeyn *N*.   springen *N*.
2426*Initial* B.   hin *fehlt BN*.   sine war *N*.
2428Sine *N*.   lutter H.
24292429-2470 *fehlen BN*.   Di H.

einem swachen kuriere.

daz mære wart vil schiere

2435 gesaget dem künege Marke.

dô begunder vorschen starke,

wer die garzûne wæren.

dô quam mit disen mæren

Antret unde Melôt:

2440 'die garzûne hânt mit Ŷsôt,

herre, gesprâchet harte vil.

ûf mîn triuwe ich sagen wil,

si varnt von Tristande.

derst neizwâ in dem lande

2445 nâhen oder verre.

beizet in suochen, herre:

ich weiz wol, daz man in vindet,

swer niht der suoche erwindet.'

Marke zornlîchen sprach:

2450 'nû vlieget mir aber ungemach.

ob ich in iezuo hæte,

waz wænent, daz ich im tæte?

ich lieze in âne verderben gân.

ich weiz die wârheit sunder wân,

2455   daz er ist mîner swester kint,

velschet in ieman, der ist blint,

ez sî wîp oder man!

ouwê, lieber Tristan,

swâ du sîst, dâ phlege dîn der,

2460 [144ra] den Longînus mit dem sper

in sîne reine sîten stach.

swer Tristande übel ie gesprach,

dem wil ich niemer werden holt.

Tristan und diu reine Ŷsolt

2465   diu sint missewende vrî,

swie man in doch bihonnie sî.

gêt den wec! lât mich âne nôt!

Antret neve und Melôt,

ir habt si dicke an gelogen

2470   und mich Marken vîl betrogen.'

Diu werde küneginne Ŷsôt

Tristan enbôt bî Peliôt

elliu disiu maere

und daz er verborgen waere

2475   biz über vierzehen tage,

sô wolte si sîn senede klage

2466 Swi H. bihonne H.
2470 viel H.
2471 § B.
2472 Si T. N. Tristande bi pvliote enbot B. piloit N.
2473 Aber B, Ever N.
2474 daz er] doch B, doch dat N.
2475 virzehen H, vierzich B.
2476 Si wolde eme N. sine BN.

mit minnegelte büezen,

sîn sûrez lebn wol süezen.

'heiz in komen in tôren wîs:

2480 zehanden tragen ein kolbenrîs;

er sol haben tôren wât,

einen rok, der eine kugelen hât;

gesnitenz hâr ob ôren --

ez zimet wol werden tôren --

2485 horgez antlitze, wîter munt,

unvuoge habn ze aller stunt;

einen kæse in daz kabütz legen.

er sol mit stœzen und mit slegen

sich lâzen âlûnen vaste

2490 den heinlichen mit dem gaste,

dâ nâch gebâre, wie er welle.

Peliôt, trûtgeselle,

sage, daz ez im iemer vrumt,

ob er alsô zuo mir kumt.'

2495 Peliôt sprach: 'daz tuon ich.

swaz ir heizent werben mich,

2477 minnengelde BN.
2478 swair N. wol fehlt B
2479 Si heis N.
2480 In den henden N.
2481 Inde he sůlde N. habn H. döre B.
2483 2483-2504 fehlen BN.
2485 mûnt H.
2486 stûnt H.
2487 kabitz H. legn H.
2493 iemmer H.
2494 kůmt H.

daz wirbe ich als ich beste kan.'

nû quam er, dâ was Tristan.

[*144*^{*vb*}] dem seiter disiu maere,

2500 des warder vröudebaere.

er *tet*, des ich niht taete,

der mich der dinge baete,

diu mir vuogeten unreht lebn,

des vriuntschaft woldich mich begebn.

2505 Tristan tet, swaz im gebôt

diu künegîn, sîn liebiu Ŷsôt.

er wart ze eime tôren wol bereit:

ein grâwer rok der was sîn *k*leit,

im was der lîp erschullet,

2510 sîn kugele was gevullet

mit zwein kae sen herte,

ein *k*olbe was sîn geverte,

den er kûme getruoc.

Tristan haete den unvuoc

***

2501 tet *fehlt H.*
2502 dinge *H.*
2503 Di *H.*
2504 vriunschaft *H.*
2505 § *B.* swaz] dat si *N.*
2506 sine bele *N.*
2507 *Initial N.* "eyme"zû *N.* dore *B.* wol *fehlt N.*
2508 der *fehlt BN.*
2510 Sine *N.* was im *B,* wart *N.*
2511 eime (eyme *N*) kese *BN.*
2512 *Explicit N.*
2514 gevûch *B.*

2515   als er ein tôre ie *waere* gesîn.

nû gienger vür die künegîn.

vil kinde nâch dem tôren zôch,

eteslich *küener* man der vlôch,

als er *waere* gar ein zage,

2520   swanner swancte mit dem slage:

an in wart michel schouwen.

Tristan sprach *zuo* der vrouwen:

'sît irz, diu küneginne?

mit herzen ich iuh minne.

2525   vrouwe, ir dörftes iuch niht schamen,

ich were durh iuh in tôren namen,

iuwer herze daz wol weiz.'

in den *kaese* er vaste beiz.

er warf Îsôten einen biz,

2530   er sprach: 'lieb*iu* vrouwe, iz,

ez ist *guot* tôrenspîse.'

in tôrlîcher wîse

*k*lageter sînen kumber gar.

nû quam der künec Marke dar

2515 ie ein dor *B*. gewesen *B*. *Diesem Vers folgt:* Dat hatter an sich gelesen *B*.
2516 *Initial B*. *Diesem Vers folgt:* Als in wyste der wille sin *B*.
2517 Viel *H*. dem tôren] ime *B*.
2518 küne *B*. da *B*.
2519 gar *fehlt B*.
2521 im *B*.
2522 § *B*.
2523 § *B*.
2524 ir *B*.
2525 hercen *H*.
2530 2525–2526 *fehlen B*.
2531 liebiu *fehlt B*. v. nu i. *B*.
2532 guot tôren] eine vil gûde *B*.
2534 I. gar t. *B*. *Initial B*. Dû *B*. Marke] selbe *B*.

2535 und begunde den tôren

 ziehen bî den ôren.

er hiez in slahen vaste,

[145ra] den vriunt mit dem gaste.

der tôre mit unwitzen

2540 gie *zuo* Îsôten sitzen,

daz ez der künec an sach.

Îsôte hin ze Marke sprach:

'heizet in ziehen dannen.'

under wîben unde under mannen

2545 getorste in nieman gerüeren

noch von der vrouwen vüeren.

Antret quam dar gegân

und wolte in dan gezogen hân.

dem sluoger einen slac,

2550 daz er unversunnen lac.

dô daz die anderen sâhen,

si begunden dannen gâhen,

beidiu wîp unde man.

der künec vlôch mit in von dan.

2536 ze lehen *H.* mit *B.*
2539 § *B.*
2542 § *B.* marken *B.*
2543 danne *B.*
2544 manne *B.*
2545 1. da n. *B.* rüren *B.*

2547 § *B.*
2549 § *B.*
2551 slach *H.*
2553 § *B.* di and^s *H.*
2554 Beidu *H.* von *fehlt B.*

2555   der tôre ezzende saz.

truoc man im vriuntschaft oder haz,

daz was im allez gelîch:

sîn herze was doch vröudenrîch,

daz er sach Ŷsôten.

2560   den lebnden, vil nâch tôten

Antreten man dannen truoc.

der hæte des schimphes genuoc:

sîn houbet vaste bluote,

in dûhte, der tôre wuotte.

2565   der tôre ûf dem hove gie,

swaz er tet oder lie,

nieman im daz werte.

Melôt man kûme ernerte:

dâ er vûr den tôre gie,

2570   bî einem beine er in vie

und truogez über den hof hin.

'helfent alle loesen in!'

rief der künec sêre,

'in gesach nie tôre mêre

2575   sô gar âne sinne!

ganc nâch der küneginne,

[145*rb*] ob si in erneren mege.'

er warf würfe und sluoc slege

in dem hove manegem man,

2580 hin ze dem er schulde nie gewan.

Nû quam gegân diu künegîn.

der tôre lie'z getwergelîn

wol zerblûwen von im gân.

man gap dem künege ze ezzene sân.

2585 der tôre saz über sînen tisch;

er ham daz hu*o*n, er nam *den visch,*

swâ erz nemen wolde.

des gunde im wol Ŷsolde.

nû begundez schiere nahten,

2590 dâ begunde der tôre ahten,

wâ er die naht gelæge,

daz leger dûhtin wæge

vor der kemenâten tür.

dâ leite sich der tôre vür,

2595 dâ Ŷsôt lac inne,

sîns herzen küneginne.

2583 2583 f. vertauscht B. Der dor begunde mit g. B.
2584 § B. ze ezzene] essen B.
2585 Der tôre] Er MB . s. ôch (ouch B) ü. MB. sînen] den MB.
2586 zweites er nam] und MB. daz flish H.
2588 isolde H.
2589 Initial B.
2590 Der tore was mit trahten MB.
2595 D. die süze Ŷ. B.
2596 chungine M.

136

nû tet er als er sliefe:

swie vil man ime geriefe,

er kêrte sich ze nihte dar an;

2600 ez wære wîp oder man,

die liezen gar den tôren ligen,

von vorhte stille si geswigen.

der tôre unslâfende lac,

sîner kündecheite er phlac:

2605 er lac unde dâhte,

ob ieman im genâhte,

dem sîn dinc wære kunt.

iesâ an der selben stunt

quam Brangæne gegân.

2610 'Brangæne, ich binz, Tristan,

swie ich schîne in tôren wîs.'

'ouwê, daz küneginne amîs

iemer danne gelît alsus!

enphienc iuwer munt ie süezen kus

2615 von lieber vriundinne wert,

[145va] daz ist gar an iu verkêrt,

2598 viel H.
2599 zenaht M.
2601 Die] Si B. gar fehlt B. affen B.
2602 vorhten MB. si stille swiegen B.
2605 Initial M. lage M. gedahte B.
2608 § B. an fehlt B.
2610 Brangæne] Frowe M, Vrouwe B. bin B.
2611 tören] dirre MB.
2612 § B. d. der k. B.
2613 Iemmer H.
2614 Enphinc H.
2615 vriuntinne H.
2616 iuh H, uch B.

weiz mîn vrouwe, daz irz sît:

diu kumet in vil kurzer zît

und wil sich slâfen legen.

2620   niemê wir nû gereden megen:

ê ieman kome, wil ich gân.

mir ist nû liep, daz ich hân

iuwer lebn ervunden.'

an den selben stunden

2625   quam gegangen Îsôt,

si muote Tristandes nôt

und wolde si im gerne büezen,

sîn sûrez leit gesüezen.

Tristan lac unde sanc

2630   einen tôrlichen klanc.

diu küneginne stuont ob im:

'harte gerne ich vernim

dise tôren wîse.

Brangæne, sage Paranîse,

2618 sal kûmen B. vil *fehlt* B. kurtzer H. *Vers nicht abgesetzt* M.
2619 Ich wil sie slafen B.
2620 Nimme H. gereden *aus* gereen *verbessert* M.
2621 ih (ich B) wil MB.
2622 nû] *fehlt* M, vil B. daz *fehlt* M.
2623 l. nu e. B.
2624 *Initial* B.
2625 gegan die süze Ŷ. B.
2626 m. sere T. B.
2627 woldez B.
2628 swerez B. lehen sôzen M, leven süzen B.
2629 § B.
2630 F. vil t. B.
2632 § B.
2633 D. gemeliche t. B.

2635 daz er im lîhe etswaz.

ich wæne, tôre gesanc nie baz!'

der künec Marke dô quam;

als er des tôren dôn vernam,

zuo Ŷsôten er stuont.

2640 der tôre tet als tôren tuont:

er begunde lûte singen,

sîn stimme unsuoze klingen.

nieman wiste, waz er sanc.

in unsinne er ûf spranc,

2645 dô vluhens alle von dan.

der künec selbe kûme entran:

er beslôz die türe vil vaste,

er heite in eine raste

von der stat gekoufet.

2650 Melôt wart geroufet

wol von Tristande:

er liez im dâ ze phande

ein ouge er im ûz brach.

Ŷsôt daz vil gerne sach,

2635 Initial M.
2637 Initial B
2638 affen B.
2639 e. dâ s. B. Zwischen er stuont Ausradierung H. 2639-2657 zweite Hand M.
2640 döre B.
2642 Sine M. 2643 wesse M.
2645 vlhuhens aus vhhuhens verbessert H, vluhens aus vhuhens verbessert M.
2647 vil fehlt MB.
2648 Er] In B. einer B.
2650 M. der w. MB. geraufet H.
2651 Wol] Gar strenge B.
2653 o. daz (dat B) e. MB.

2655 [*145vb*] der künec daz sêre klagete.

des morgens dô ez tagete,

der künec hin gein walde reit --

daz was Tristande niht zeleit --

er wolde birsen unde jagen

2660 wol gein vierzehen tagen:

dô mahte der tôre Tristan

wol sîne Ŷsôte hân.

ez enwart nie tôren schœner lebn

von keinem wîbe mê gegebn.

2665 diu Minne vuogete in beiden

ein *bîwesen*, niht ein scheiden.

si kunden beid*iu* minnen,

die minne dâ gewinnen,

dâ man si dâ v*i*nden sol:

2670 di*u* Minne tet in beiden wol.

â minneclîch*i*u Minne,

wie dû ir beider sinne

2655 § B.   d. vil s. MB.
2657 gein] zû B.
2658 leit B.
2660 gein] ze M, zû B.
2661 affe B.
2662 s. werde Ŷ. B.
2663 dore B.
2664 mê] ie B.
2665 Minne fehlt M.
2666 bewisen H.
2668 Initial M.
2669 dâ] zû rehte B.   vienden H.
2671 Initial B.   O B.   minneclichu H.

ûf die minne twingest

und selten helfe bringest!

2675 Minne, nû hilf disen zwein:

si sint ein jâ, si sint ein *nein*,

ir beider herze ist ein jâ,

in dîme gebot *si* ligent dâ,

dâ in mac misselingen,

2680 dune wellest in helfe bringen.

Minne, nû hilf den dînen,

lâ dîne triuwe schînen

an disen zwein gelieben!

du machetest si ze dieben:

2685 si künnen niht wan minne steln

und daz bœslîche heln.

Minne, des twinget si dîn *kraft*

und ir liep geselleschaft.

Der tôre in *die* stat gie.

2690 beide dort unde hie

2673 dî *H.*

2675 hif *H.* nû hilf] du hilfes *B.* disn *H,* dizen *M.*

2676 *zweites* ein] en *B.* ein *H.*

2678 gebot *aus* bebot *verbessert M.* so *H.*

2680 Du enwilles *B.*

2681 nû *fehlt B.* hif *H.*

2682 dîn *B.* erschînen *B.*

2683 disn *H.*

2684 machest *M,* maches *B.* diebn *H.*

2686 die *MB.* d. vil löslichen *B.*

2688 lieb *H,* lieplich *M,* lieflich *B.*

2689 *Initial B.* die *fehlt H.*

2690 Beidiu *M,* Beide *aus* Baide *verbessert H.*

zugen im diu liute *zuo.*

waz welt ir, daz der tôre *tuo?*

er erhuop vil maezlîchen schimph:

[146*ra*] etslich schimph haete ungelimph,

2695 etslich schimph mit *vuoge* was.

an der strâze er steine las

und *truoc* sie über den *rücke* sîn

vür Ŷsôte die künegîn.

daz dûhte si *gemelîch* genuoc.

2700 in dem herzen si in *truoc,*

ouch *truoc* er ze herzen sie:

swie er ie den tac gie,

des nahtes er vil schône lac,

dâ sîn ein künegin*ne* phlac.

2705 ez ergie eines morgens sô,

daz si samt wâren vrô;

ein ungelücke in geschach,

daz si Antret gesach

an einem bette samt wesen.

2710 mich *riuwet,* daz er ist genesen,

2693 erhub *H*, hoŷ *M*, hûf *B*. maezlîchen] manger hande *M*, maniger slahte *B*.
2694 schimp *HB*.
2695 ungelimp *B*.
2696 *Initial M*. Etlicher *M*, Etzlicher *B*. schimph] och *M*, ouch *B*. vûgen *B*.
2697 strazen *B*.
2699 rugge *H*.
2702 gemeineliche *H*.
2704 ie *fehlt B*.
2705 kunegin *H*, künenginnen *B*.
2706 *Initial B*. ergienc *B*. eins *H*.
2708 Daz] Do *M*, Dû *B*. waeren *M*.
2709 autret *schreibt durchgehend M*. s. der leide A. *B*.
samet *M*.

des im Tristan getet.

lûte rief dâ Antret:

'Tristan der ist hinne

bî der küneginne

2715 sach ich in liebelîchen ligen.

mîn tôrheit diu ist gedigen

wider ze Tristande.

nû schaffen inme lande,

daz er uns iht entrinne:

2720 er und diu küneginne

suln brinnen ûf einem rôste.

wer kumt in des ze trôste?'

diu künegîn Ŷsôte

Tristanden bat genôte,

2725 daz er schiede von dan.

'daz tuon ich,' sprach Tristan,

'von dem lande ich scheide,

daz etslichem kumt ze leide.'

er gie gein der porte,

2730 dô er nieman dâ bî horte

den portenære er betwanc,

daz er die porte ûf swanc.

2711 i. da vor T. B.   det B.
2712 § B.   do M, dû B.
2713 der fehlt B.
2715 i. vil lieflich B.   liegen H.
2716 Mîn] Sine B.   diu fehlt B.   gediegen H.
2718 schaffent B.
2723 Initial MB.
2724 Tristande B.
2730 do H.
2732 porten B.

[*146rb*]   Tristan gie durh die stat.

swâ im diu strâze was versat,

2735   mit dem kolben, den er truoc,

machet er si wît genuoc.

Tristan gâhte balde

gein eime grôzen walde:

er wânde drinne sicher sîn,

2740   dâ muoser lîden grôzen pîn.

vil liute begunde in jagen.

mit vuoge wolt er sich entsagen

und quam rehte, dâ Marke was.

von gelücke er dô genas:

2745   er habte an einer warte,

Marken wunderte harte,

wannen der tôre waere komen;

dannoch haet er niht vernomen,

waz ime leides was geschehen.

2750   Tristan dâhte: 'ich wil besehen,

ob er mich welle vliehen.'

den kolben begunder ziehen

2733 § B.
2734 § B.
2737 wart besat B.
2740 g. vil h. B.
2741 Do M, Dû B. mûster B.
2742 Viel H. begunden j. H, begunden j. B.
2743 vûgen B.
2745 Und] Er B. do H.
2747 hielt B.
2749 t. dar w. M.
2752 were B.
2752 h. vaste z. B.

und gein sla*g*e senken.

der künec begunde wenken,

2755 von dem slage er balde vlôch.

Tristan ûf die strâze zôch

und quam an einen grôzen bach.

dô er dâ niht brü*c*ke sach,

daz was sîns herzen *k*lage.

2760 nû was an der nâchjage

verre vor Pleherîn.

Tristan sach ein schiffelîn

in dem bach bî im stân.

dar în begunder balde gân,

2765 der *k*olbe was sîn *ru*oder.

der vater und der bruoder

die schrîeten alle *samt* ûf in,

er *en*solte niemêr *k*omen hin.

nû wa*s* er *k*omen an daz stat.

2770 Pleherîn in vaste bat,

daz er wider kêrte,

[*146*^{va}] ob ez in di*u* liebe lêrte,

2753 gein] zeime *B.*   slahe *H.*
2755 *Initial M.*
2756 vloch *B.*
2757 groze *B.*
2758 hrugge *H*, brucken *B.*
2760 *Initial B.*
2761 Vil verre *B.*   plehirin *H*, phelerin *M.*
2763 d⁸ *B.*
2767 Die *fehlt B.* schriren *M*, schriten *B.*   samt *fehlt H.*
2768 Eren solte *H.*   solte *MB.*
2769 § *B.*

die er hâte zuo der künegîn.

Tristan sprach: 'daz muoz sîn.

2775 ê ich vliehe, ich wil ê tôt

ligen durh mîne liebe Ysôt!'

wider über er dô stiez,

als in sîn menlich ellen hiez.

Pleherîn der im dâ rief;

2780 âne vorhte er an in lief,

mit dem kolben er in sluoc,

daz ers iemer hât genuoc:

er lac tôt von sîner hant.

Marke balde quam gerant.

2785 als den Tristan ersach,

wider vuor er über den bach

und gâhete dannen.

mâgen unde mannen

vaste er an den lîp gebôt,

2790 daz si Tristanden unde Ysôt

2773 hete *M*, hette *B*.
2774 § *B*.
2776 min lief *B*.
2778 1. ouch s. *B*. menlich *fehlt B*.
2779 Phelerin^e *B*.
2780 in an *MB*.
2782 hatte *B*.
2783 *Initial M*.
2784 quam balde *B*.
2785 *Initial B*.
2786 Er fo^vr wider *M*, Er vûr balde *B*. die *B*.
2787 g. sere d. *B*.
2788 u. ouch m. *B*.

des lebens belôsten,

ûf einer hûrde si rôsten.

Tristan vor in wol genas,

ze sînem schiffe er komen was.

2795   er bat den marnaere,

als liep er ime waere,

daz er balde vüere hin:

'vil kûme ich genesen bin

vor dem künege Marke.

2800   der gâhet an uns starke.

ine mohte niemêr sîn genesen,

waere mir daz lant niht kunt gewesen.'

'ich tuon,' sprach der schifman,

in gotes namen stiez er an.

2805   Daz dem künege geschach:

er viel selbe an den bach,

hin über er geswande,

an in balde rande

beide mâge unde man.

2810   der künec sach wol, daz Tristan

2791 lebns H. 1. da b. B.
2792 si fehlt MB.
2793 § B.   2794 scheffer k. B.
2796 § B.
2797 1. als e. B.
2801 vre H, fûre M.
2802 Ich B.
2803 lant niht] vürwar nie B.
2805 § B.
2806 § B. Daz fehlt MB. k. do (dû B) alsus g. MB.
2807 selher B. die B.
2809 geswamde H.
Initial M. Beidiu M.

[*146vb*]   ûf dem mer swebete

unde âné vorhte lebete:

daz was Marken vil leit.

trûric er dô wider reit,

2815   daz ime sîn neve Tristan

alsô saeleclîche entran.

man vuorte hin den tôten,

der künec wolte Ysôten

mit ime heizen begraben:

2820   'waz wir an Pleherîne haben

verlorn grôzer êren.

mit herzeclîchen sêren

sîn tôt mich beswae ret hât.'

nû riet al des küneges rât,

2825   daz er den zorn lieze sîn

gein Ysôte der künegîn:

der krône ez niht gezeme

ob er den lîp ir neme.

'vrâgent *baz* der *mae* re.

2830   Antret ist ir *gevaere*

2813 *Initial B.*
2815 *2815-2816 fehlen MB.*
2818 k. der w. M.
2820 plehirine H.
2822 herzenlichen M. sweren B.
2823 beswart M.
2824 § B.
2826 ysoten MB.
2827 cronen B.
2828 Ob] Dat B. ir den lif B.
2829 Fraget M, Vraget B. huz H.
2830 gewere H.

und hât si lîhte an geseit,

des si dekeine schulde heit.

wie möhte iemer Tristan

die vuore sich genemen an

2835 nâch sînem hôhen prîse,

daz er vüere in tôren wîse?

herre, lât den zorn wesen.'

'ich wil Ŷsôten lân genesen,'

der künec Marke dô sprach,

2840 'ime geschehe, daz nie geschach,

der von Ŷsôten mir iht sage,

dâ von mîn herze leit bejage.'

owê, wan wiste Tristan,

wiez Ŷsôten was ergân

2845 und daz si dannoch lebete,

dâ er ûf dem mer dâ swebete.

er sorgete niuwan umbe sie:

'si ist dort, sô bin ich hie

und sîn doch bî einander!'

2850[147ra]einen guoten trôst den vander

2831 geseit] misse seit *M*, misseit *B*.
2832 Wan daz ist sin gewoneheit *M*, Wan dat is sine gewonheit *B*.
2834 Sich die fore *M*, Sich der fûren *B*.
2836 vûre *H*.
2838 § *B*.
2840 n. man (manne *B*) g. *MB*.
2841 mir van ysoten *B*.
2843 *Initial MB.* wan] und *B*. wesse *M*.
2845 dannoch] noch dû *B*.
2846 *zweites* dâ *fehlt B.*
2847 niht dan vor *B*.
2850 den *fehlt B.*

vür sîne kumberliche dol:

'ich weiz endelîche wol,

daz ir nieman *tuot* den tôt,

sît ich entrunnen bin der nôt.'

2855   er sprach: 'geselle Kâedîn,

ich wil mîn trûren lâzen sîn

und haben hôhen *muot*.

geschach *dir* ie von wîbe *guot*,

des solt *du* wol gedenken

2860 und niht an triuwe *ir* wenken.'

er sprach: 'geselle Tristan,

ich hân ze einem wîbe wân

aldâ her von kinde.

niemer ich erwinde

2865 al die zît unde ich lebe,

ich enphâhe ir minnengebe

sa*m*t wir kint wâren:

in unsern kindes jâren

was vereinet unser *muot*,

2870 daz wir übel unde *guot*

2851 Vür *H*, Vor *B*. sinen kumberlichen *R*. dole *M*.
2855 § *B*. *Incipit R*.
2856 Ich nû zûrnen losse s. *R*.
2857 *2857 f. vertauscht R*. U. wil h. *MB*. Das nvm in dinen m. *R*.
2858 dᵉ *H*. wiben *R*.
2859 Das *R*. tu *H*. d. vil w. *R*. bedencken *R*.
2860 ir niht an truwen *B*. truwen *R*. er *H*, *fehlt R*.
2861 § *B*.
2865 wile *R*. unde] die *B*, *fehlt R*.
2866 mynne *R*.
2867 Sampt *H*, Die wile *R*. kûnde *R*.
2868 unsen *B*, unsers *R*.
2869 Do was *R*. unsere *R*.

150

samt lîden wolten

als zwei gelieben solten.

ir vriunde gâbens *einem* man,

der wol nâch prîse werben kan.

2875 Nampotanîs ist er genant;

Gamaroch daz ist sîn lant,

an Arundêl ez stôzet.

sîn edele sich mir genôzet,

in hôher wirde lebt sîn lîp.

2880 ine *wœ*ne niht, daz schœner wîp

lebe danne *Kass*îe.

hôher mûre drîe

die vrouwen hânt beslozzen,

des hâte si ir schoene genozzen.

2885 Nampotanîs die slüzzele treit,

mir ist vür wâr daz geseit.

[147rb] möhte si, si lônde mir,

Tristan, nû getriuwe ich dir,

2871 Samt *H*, Mit einander *R*. woltent *R*.

2872 Also denne z. gelieb soltent *R*.

2873 *Initial M*. vrünt *B*. gobeat *R*. einen *HMB*.

2874 prisz *R*.

2875 Nampotenis *M*, Nampotenys *B*.

2876 Gamorat *R*. daz *fehlt MBR*. *Zwischen ist* sin *Unlesbares ausgestrichen M*.

2877 arrundel *M*, armidel *R*.

2878 adel *R*.

8880 Ich *BR*. werder *B*.

2881 Lebet *MR*, Levet *B*. Casie *H*, Cassie *MR*, chassie *B*.

2882 muren *BR*.

2883 vrouwe *B*. hat *M*. beslozen *H*.

2884 si *fehlt B*. genosen *H*. Mit anderen iren g. *R*.

2885 *Initial R*. N. selber d. *R*. sluzele *H*, den sluszel *B*.

2886 vûr *H*. daz *fehlt B*. leit *R*.

                *d*u tuost mir etslichen rât,

2890   als mîn gedinge stât.'

                des antwurte im Tristan:

                'ich râte dir als ich beste kan.

                maht dû gereden iht mit ir?'

                'jâ, wolt ich des tages zwir:

2895   er rîtet birsen unde jagen.

                die slüzzel lât er nieman tragen,

                er vüeret si mit im hin ze holz.'

                'maht *d*u mit der vrouwen stolz

                gereden, danne ob du wil,

2900   sô bite geben dir ein zil,

                wanne du si gesprechen megest.

                gar die sinne dar an legest,

                daz si die slüzzel stele ir man

                und neme *ein* wahs, *daz si* daran

2905   drücke vaste und dir daz gebe.

                swie si in starker huote lebe,

2889 Tu *H.* tügest *R.*

2890 Also als *B.* geding *R.*

2891 *Initial B.* wantwurt *R.*

2892 raden *B.* dir *fehlt R.* als] so *MB.*

2893 iht *fehlt R.* ir] mir *R.*

2894 § *B.* J. und w. *B.* tages *fehlt R.*

2896 sluzel *H.* let *R.*

2897 hin *fehlt R.* holze *B.*

2898 § *R.* tu *H.* stolze *B,* stöltz *R.*

2899 ob] wenne *R.*

2900 biete *H.*

2901 *Initial M.* mugest gesprechen *M,* möges gesprechen *B.* besprechen *R.* mogest *H*

2902 Und gar din sin *R.* Du solt daz mit ir zehen *M,* Du salt dat mer ir zechen *B.*

2903 di *H.* sluzel *H.* stele *fehlt R.* irm *B,* irme *R.* manne *R.*

2904 eine *H.* uñ dsi *H.* Nemie (*oder* Nenne) und sù drucke in ein wahsz denne *R.*

2905 2905 f. *vertauscht R.* vaste drücke *B.* daz] id *B.* Das sù nit wider strebe *B.*

2906 Swi *H,* Wie *R.* steter *R.* hůden *B.*

ich hilfe dir, ob si daz tuot;

daz si getroestet dînen muot,

daz trûwe ich wol erwerben.'

2910   'si enlât mich niht verderben.

sô holdez herze si mir treit,

ich weiz wol, daz ir wîpheit

mich gewert, swes ich ger.

ich endienete niemer aldâ her

2915   niuwan der valsches vrîen,

mîner vrouwen clâr Kasaîen.'

'ich besihe, komen wir an daz lant,

war ir herze ist gewant,'

sprach der minnaere Tristan.

2920   er vrâgete sînen schifman,

wanne si quaemen ab dem sê:

'daz mere tuot mir harte wê.

lâ dir zöuwen deste baz,

[147va]   deiswâr, ich gibe dir etswaz,

2907 Ich] Und R. helfen B.
2909 § B.
2910 Sine lat M, So lat B.
2911 hertzen R. herze als s. B.
2913 bewert, *davor* beg *ausgestrichen* R.   swes...] und mich niht lat M,
2914 unde des niht lat B, wes ich beger R.
2915 diende niemant R. Swar an sis (si is B) die volge hat MB.
2916 2915-2916 *fehlen* MB. fâlschen R.
2917 clâr *fehlt* R. kasien B.
2918 besien B. koment R. an] in R.
2919 herze] wille MB. si B.
2920 2919-2934 *fehlen* MB.
2921 froget R.
2923 koment R.
2924 zogen dester R.
Für wor ich dâ dir mit goben e. R.

2925   daz dîn lîp vil gerne hât.'

     'herre, nû gebt mir iuwern rât,

     wie ich dem schiffe getüeje,

     noch hînt oder vrüeje

     sîn wir an dem lande:

2930   des habt mînen lîp zephande.'

     'meister mîn, du sprichest wol.

     dînes dienestes ich dir lônen sol,

     daz *dû* es hâst an *gu*ote vrume,

     swenne *ich* ûz zelande *kume*.'

2935   dô Tristan ûz ze lande quam,

     sînen marn*ae*r er dô nam

     und gap ime goldes zwênzic marc.

     'vervluochet sî der künic Mar*k*,

     der iu wart ie *gevaere!*

2940   wie helfelos ich w*ae*re,

     und w*ae*rent ir von im erslagen:

     mir enwart nie mê bî mînen tagen

2925 1. vo v. *ausgestrichen R.*

2926 gehent *R.*

2927 Wi *H.* getuge *H,* gefüge *R.*

2928 vruhe *H.*

2929 Sint *R.*

2930 hahent *R.*

2933 tu *H.* an *fehlt R.* gûten frumen *R.*

2934 Wenne *R.* ihc *H.* come *H,* kummen *R.*

2935 *Initial B.* ûz *fehlt B.*

2936 dô *fehlt M.*

2937 Und] Er *B.* zwenzieh *H.* mark *M,* marck *R.*

2938 Verflôchet *M,* Der marner sprach v. *R.* Marke si vervlûchet starc *B.* koing ma^{8}ck *R.* march *M.*

2939 wart ie wart gewere *H.* Dat er uch ie wart g. *B.*

2940 1. doch w. *B.*

2941 Und *fehlt M.* im] mir *M.* Wan ich ir weret e. *B.*

2942 wart *MB.* mê *fehlt BR.*

154

gelônet baz von keinem man.'

'nû genâde dir got,' sprach Tristan,

2945   'dû hâst mir gedienet wol.'

nû was in kumberlîcher dol

sîn geselle Kâedîn:

'Tristan, trûtgeselle mîn,

nû rât; daz hûs vor uns lît,

2950   dâ ist ûffe diu mir ze aller zît

mîne gedenke twinget

und selten helfe bringet.'

'dâ sende einen boten dar,

mit *vuoge* sol er nemen war,

2955   ob der wirt sî geriten.

heiz dînen hel*a*er biten,

daz er ir dîn *k*omen sage

unde ir dînen *k*umbe*r* *k*lage,

der sî noch hiute niuwe,

2960   bite si durch wîbes triuwe,

2943 deheinen *M*, einen *B*.
2944 § *B*. genâde] lone *B*.
2945 hest *R*.
2946 § *B*. kummerlîchen *R*.
2947 s. gût g. *B*.
2948 Er sprach T. *R*. trutgesellen *M*. mîn *fehlt M*.
2950 di *H*.
2951 Mîn *R*.
2952 *Initial M*. Und noch der mvn hertze sere tringet *R*.
2953 § *B*. Du solt (salt *B*) ir boten (boden *B*) senden *MB*.
2954 fuge *H*. Hie mit sulen (sûln *B*) wirz (wir id *B*) enden *MB*.
2955 2955-2960 *fehlen MB*.
2957 er mynen kumber clage *R*.
2958 den *R*. sage *R*.
2960 Das er sô bitte *R*.

[147*vb*]   **daz** si dich gespreche,

swie si daz gezeche.'

sâ zehant daz geschach.

sînen helaere man gesprach,

2965   der warp als in Kâedîn

werben hiez. 'der herre mîn

ist zeholz geriten jagen.

mîner vrouwen wil ich sagen

sîn komen, sîn gerende bete.'

2970   der helaere gar mit triuwen tete,

swaz im Kâedîn gebôt:

'vrouwe, gebt mirz botenbrôt!

Kâedîn der ist hie bî;

er bitet, obz iuwer gnâde sî,

2975   daz er iuh gerne wolte sehen.'

'sol ich dir der wârheite jehen,

ich sihin gerner danner mich.

vil liebe, niht ensûme dich!

2961 2961 *f. vertauscht* MB. d. möge sprechen B, mich bespreche R.
2962 Swi *H*, Wie *R*. si] *fehlt* M, wir B. gezche M, gezechen B, gescheche R.
2963 § B. Sa] Do R. z. do d. R.
2964 Sin R. Der bote (bode B) sine frdʼwen (vrouwe B) sprach MB. besprach R.
2965 *2965-2970 fehlen MB.* warbe R.
2966 h. so sprach d. R.
2967 gerieten *H*. geritten gegen dem houltz j. R.
2968 Der heler sprach frouwe ich wil ûch s. R.
2969 Mit myner gerenden b. R.
2971 *2971-2986 fehlen M.* Swaz] Und warf als B, Was R.
2972 v. sprach er gebent R.
2973 der *fehlt* BR.
2974 Es R. bietet *H*. ob B. e. an uwerm genoden R.
2976 § B. giehen *H*.
2977 denne ir R.
2978 lieber R.

                    bít in iezuo komen her,

2980   in ze sehene, deist mîn ger.

                    ich gewere in alles des er gert,

                    als verre und mich diu state wert.'

                        der bote zuo Kâedîne quam.

                    dô er diu mære vernam,

2985   mit rehtem herzen was er vrô,

                    ze Tristâne sprach er dô:

                    'mîn bote ist her wider komen.

                    ich hân daz mære vernomen,

                    daz mînem herzen sanfte tuot:

2990   Kassîe, diu reine, süeze, guot,

                    hât ir boten mir gesant,

                    daz ich si spreche.' sâ zehant

                    reit von dannen Kâedîn

                    und vant die lieben vrouwen sîn

2995   stênde an der warte.

                    er gâhete gein ir harte,

2979 Biet H. Bitz mír in vetzen k. R.
2980 sehende R. is B, ist R.
2981 begert R.
2982 und] als B. lert R.
2983 Initial B. keydin R.
2985 Er wart herzencliche v. B. Von gantzem h. R.
2986 tristan R.
2987 b. der ist w. R.
2988 Von dem ich solliche mere han v. R.
2990 Casie H, Chassine M. d. hoch gemût B. süze H, fehlt M. s. und g. R.
2991 Har B.
2992 gespreche B, bespreche R. sâ fehlt B.
2993 Do reit R.
2994 lieve vrouwe B, liehe frouwe R.
2995 Stettet an der fart R.
2996 gohet R. hart R.

daz er ir gesagete,

[148ra] wie in ir minne jagete.

si enphienc in suoze unde wol,

3000 als vrouwe ir dienœre sol,

der ir ûf genâden wân

manegen dienest hât getân.

mit vuoge er dô began,

als in lêrte Tristan:

3005 'saget an, liebiu vrouwe mîn,

ob ez wol möhte sîn,

woltest dû mich dâ inne hân?'

dô sprach diu vrouwe wol getân:

'mit muotem willen wolt ich daz!'

3010 Kâedîn dô niht vergaz,

als in lêrte Tristan:

'einen list ich gelernet hân;

ob du mir des helfen wil,

unser swœre hât ein zil.'

2997 Biz daz er M, Biz er B.
2998 in ir] er R.
2999 § B.   enphien M.
3000 A. ein v. BR.   irn B, iren R.   diener H.
3001 3001-3002 fehlen MB.   ir fehlt R.
3003 vûgen B.   dô] sprechen MB.
3004 l. vor T. B.
3005 § B.   Saget an] Owa MB, Sagent an R.   frowe R.
3006 wol] mit fûge (vûgen B) MB.   gesin R.
3007 Woltent ir R.
3008 § B.
3009 gûden B.
3011 Initial M.   hatte geleret B.
3012 § B.   Do sprach die frouwe wol getan R.
3013 Sprach er ob R.   wilt R.
3014 So hat unsz swere R.   zilt R.

3015   'Kâedîn, wie ist der list?'

            'swie der list geschaffen ist,

            den vüege ich dir sô ich beste mac.

            swes wîp sich ie durch man bewac,

            des hân ich mich durh dich bewegen.'

3020   'ich *wil* gar dînes willen phlegen.'

            'liebiu vrouwe, sô *tuo* daz.'

            'Kâedîn, nû sage mir waz.'

            'die slüzzele solt *du* zücken,

            verholne vaste drücken

3025   an ein wahs, daz warm sî.

            nim die slüzzele alle drî

            und drücke vaste si dâ dar an.

            nâch dem wahse ich danne kan

            andere slüzzele machen.'

3030   Kassîe begunde lachen

            und sprach mit triuwen staete,

            daz si daz gerne taete:

3015 *Initial* B. Kahedin *aus* Kadin
verbessert M. Do sprach K. R.
3016 Und lo mich wissen wie er g. R.
3017 3017-3018 *fehlen* R. vûge H. dir
fehlt B.
3018 sich ie wif B.
3019 mich verwegen R.
3020 wil *fehlt* H.
3021 3021 f. *vertauscht* R. Er sprach
1. R. dûnt R. 3021-3028 *fehlen*
MB, *dafür:* Er seite ir reht als
im was / Umbe die sluzel unde
umbez wahs M, § Er seite ir rehte
als im was / Umb die slûszele
unde umb dat was B.
3022 Sû sprach k. R. das R.
3023 tu H, ir R.
3024 Und sû verhol en d. R.
3026 sluzele H.
3027 sû fast R. dâ *fehlt* R.
3028 danne] den R.
3029 Ander R. Wier die wolte machen
M, Wie er si wolde machen B.
3030 § B.
3032 d. vil g. R.

'morgen sô kum dû her wider,

daz wahs wirf ich dir hin nider

3035   in dem graben duz vindest:

[148rb]   nû sich, daz dû iht erwindest.'

'zwâre, vrouwe, in erwinde niht,

swaz dâ von mir geschiht,

ich enkome morgen vruo.'

3040   'lieber Kâedîn, daz tuo.

nû müeze dîn der phlegen,

des zeswe hât vil reinen segen!'

Kâedîn schiet von dan.

'sage mir, sæliger man,'

3045   sprach Tristan der reine,

'ob dich mit triuwen meine

dîn herzeliep Kassîe?'

'ir reinen güete ich nîge:

si wil tuon, swaz ich wil.

3050   si hât mir der vröuden zil

3033 sô *fehlt MB.*
3034 Diz *aus* Die *verbessert* M, Dit B. In dem graben du sû vindest n. *R.*
3035 3035-3036 *fehlen MBR.*
3037 Zwâre *fehlt MB.* vrouw *H.* ich *R.* in erwinde] des enlaze ich *MB.*
3038 Was *R.* da von mir] halt drumbe m. *M,* m. ouch drümbe B, m. dar umb *R.*
3039 chum *M,* kume B, kome *R.* m. vil v. *MB.* 3040 Lieber *R.*
3041 3041-3042 *fehlen MB.* Nû] Und *R.*
3042 zeseven *R.*
3043 *Initial BR.* K. der s. *B.* schit *H. Vor* 3043 *steht die Kapitelüberschrift:*
    Clxxvii Also keidin zû tristan kam und vme sagete wie er von der frouwen
    gescheiden were Die er so liep hette *R.*
3045 reinen *R.*
3046 ich *R.* meinen *R.*
3047 Dine hertze liebe *R.*
3048 § B. Iren *R.* guten *R.*
3049 *Initial M.* Er sprach sû *R.* thûn *R.* swaz] dat B, was *R.*
3050 mir *fehlt R.* den *B.*

gestozen in daz herze mîn,

ich sældenrîcher Kâedîn

vinde daz wahs morgen

ligen unverborgen

3055   vor dem tor in dem graben.'

'du maht wol hôhe vröude haben,

herzelieber kumpân,

du hâst ze trôste guoten wân.'

morgen, dô der tac ûf gie,

3060   Kâedîn dô niht enlie,

hin nâch dem wahse er reit.

er vandez ligen alse bereit,

als im Kassîe gehiez.

daz wahs er dâ niht ligen liez:

3065   er huop ez ûf und reit dan.

.   .   .   .

er sprach: 'nû sich, Tristan,

swer dir slüzzel machen kan,

3051 Gestozzen *H*.

3053 *3053-3054 fehlen MB*.

3054 und verborgen *R*.

3055 Vor dem tor] Vinde daz wahes *M*, Vinde dat wahs *B*.

3056 § *B*. habn *H*.

3057 Vil h. *B*. cunpan *H*.

3058 trost *R*.

3059 *Initial B*. Des morgens *B*, Der morgens *R*. da *H*.

3060 Her K. *B*. lie *B*.

3062 al *B*.

3065 *3065 fehlt MB*. hub *H*. r. von d. *R*.

3067 § *B*. nû sich] herre *M*, herre vrünt *B*.

3068 Wer *R*. dir] die *MB*, also *R*. gemachen *R*.

<pre>
          des solt du mich bewîsen:
3070   wir suln Nampotanîsen
          effen, ob wir iemer megen,
          gar unser sinne dar an legen.'
          'den smit ich dir zeige,
          er ist ein getriuwer leige,
3075[148va]sîn hûs ûf der strâze stât.
          manegen er mir gemachet hât!!
          dô Kâedîn ze dem smide quam
          unde er sîne bete vernam:
          'herre, ine wilz iu niht versagen,
3080   si sint in disen zwein tagen
          gereht und gemachet wol:
          swâ ichs iu hin bringen sol,
          dâ bringe ichs iu ûf lieben wân.'
          Kâedîn unde Tristan
3085   riten hin gein Karke.
          es hât belanget starke
</pre>

3069 Das R. tu H.
3070 süllent R.
3071 mogen H, mügen R.
3072 unsen sin B. ligen R.
3073 § B. smide sprach tristan / R.
3074 Wil ich dir zeigen dan / R.
3075 strazen B, strossen R.
3076 Menegen H.
3077 Initial B. Da H. keyden R.
3078 sine fehlt R.
3079 § B. Er sprach h. R. ich BR. wil MBR. iuh H, uch B, üch R. ve^s sagen R.
3081 Gereht] Bereit MBR.
3082 Swar B, Wo R. ich B, es R. iuh H, uch B, üch R. hin fehlt HBR.
3083 bringes H. ichs fehlt H. iuh H, fehlt B, üch R.
3084 § B.
3085 Rietent R. zû R.
3086 verlangen R.

den wirt, die wirtîn unde Ŷsôt.

nieman gewan daz botenbrôt:

ir komen was dâ unvernomen.

3090 si enphiengen manegen willekomen

von dem, von disem und von dem.

ob nû diu zwei iht gezem,

Tristanden unde Ŷsôte,

daz si ir münde rôte

3095 an einander twingen

und gelust von herzen bringen.

diu gelîch si beidiu tâten.

waz si in dem herzen hâten,

wer solte dâ nâch vrâgen?

3100 vil *suoze* si samt lâgen

biz an Tristandes tôt,

nie man ez wîbe baz *erbôt.*

ℰer smit die slüzzele brâhte,

dâ von in beiden nâhte

3087 *Initial* M. Die B, Der R. unde *fehlt* R.

3088 daz] do R.

3089 3089-3094 *zweite bzw. dritte Hand* M. vernomen R.

3090 enpfingent R.

3091 den B. disen B. *zweites* dem] gein R.

3092 nû] du R. gezeme B. zwein nit woren fûr ein R.

3093 Tristan R. ysoten M, ysot R.

3094 Das frûnde rot R.

3097 Der R. togen R.

3098 3098 *fehlt* HR.

3099 sol M, sal B.

3100 3100 *fehlt* R. suzze H.

3101 lâgen] waren M.

3102 Biz] Unz M. tode R.

3103 Niemant R. gebot HB, erbode R. *Initial* BR. sluzele brachte H. *Vor 3103 steht die Kapitalüberschrift:* Clxxviii Also der smit die slûssel brochte die er in ein wahsz gedrucket hette do mit keidin heimlich solt zû siner amyen komen R.

3104 nah** B.

3105   vröude und vröuden ende:

            ouwê der missewende,

            diu den gesellen *muoz* geschehen!

            die slüzzele Kâedîn lie sehen

            Tristanden, den gesellen sîn:

3110   'Tristan, nû erbarme mînen pîn

            und tuo mich kumbers vrîen;

            gesich durch mich *Kassîen*,

            diu ist aller schœne ein blüendez rîs.

[148vb]   ich weiz wol, daz Nampotanîs

3115   hiute birset unde jaget,

            daz hât ein bote mir gesaget.

            wir suln höve*sch*lîchen va*rn*,

            unsern prîs wol gein ir bewarn.'

            'ich vare mit dir *swar* du wil,

3120   ich sihe gerne dînes herzen spil.

            wol hin, ich bin *gereht*.

            vü*e*ren niht wan einen kneht,

---

^{3108}§ *B*. sluzele *H*. keiden *R*.
^{3109}Tristanden *fehlt MB*, tristan *R*. d. lieben g. *M*, d. vil lieven swager s. *B*.
^{3110}T. la dich erbarmen m. *B*. Er sprach T. *R*. min *B*, myn *R*.
^{3111}mache *B*. kumber *R*.
^{3112}m. die k. *R*.
^{3113}3113-3114 *fehlen MB*. ist *fehlt R*. schande [*schônde*] *R*. blŭndes *H*, bluende
^{3114}Napatanis *fehlt das m bis zum Schluß R*.
^{3115}Hiute] Ir man der *MB*. beisset *R*.
^{3116}bot *R*.
^{3117}3117-3118 *fehlen MB*. sŭllent *R*. hoveslichen *H*, hoffelichen *R*. varen *H*.
^{3118}Unser *R*. ir] in *R*.
^{3119}*Initial M*, § *B*. swar] swi *H*, wie *R*. wilt *R*.
^{3120}gerne] mit dir *B*. gern wie din hertze spilt *R*.
^{3121}3121-3124 *fehlen MB*. gerech *H*.
^{3122}Wir sŭllent so nit fŭren wenne e. *R*.

der uns diu ros behalte.

got unser beider walte!'

3125 sprach der werde Tristan.

diu werlt verlôs dâ zwêne man,

der si schaden heite,

swaz ieman dâ gein reite,

wânde, daz Tristan und Kâedîn

3130 niemer tiure mohten sîn.

dô si quâmen sô nâhen,

daz si Scharîze sâhen,

diu ros si beide liezen stân

und begunden gein der brücken gân.

3135 Kâedîn ein schapel hæte;

der wint ez im abe wæte,

daz ez viel in den graben.

undanc daz schapel müeze haben,

daz ez wart gemachet ie:

3140 dar von ein michel schade ergie.

3125 stolze B.
3126 verlûre R. da aus ausgestrichenem nie verbessert M, fehlt R.
3127 s. grozen s. B. hæte M, hede B, hette R.
3128 Was R. dâ gein fehlt MB. tæte M, gedede B, rette R.
3129 Wânde daz] So was MB, Wenne das R.
3130 Niemer] Daz (Dat B) si niht MB. tiwer M, durer B, truren R. möchte gesin R.
3131 3131-3132 fehlen MB. koment R.
3133 Initial B. Do si die burch sahen stan M, Dô si die burch vor in ersahen B. liessen beide R.
3134 Und] Nu M, Dô B. begundent R. gein der brücken] si des endes (endis B) MB. gahen B.
3136 ime id B. weget R.
3137 D. ime abe v. R. vil H.
3138 mûste R. habn H.
3140 ein fehlt B.

Kâedîn diu tor entslôz.

er was der vröuden hûsgenôz,

dô er sach sînes meien schîn.

'gote willekomen Kâedîn

3145   und dîn geselle Tristan,

ine gesach nie gerner zwêne man!'

sprach daz minnecliche wîp,

'ich minne lange dînen lîp

mit herzeclichem sinne.

3150   kein man der ist hinne:

swenne der wirt rîtet

[149ra]   diu burc sîn danne bîtet

aller manne laere.

ich lîde grôze swaere

3155   von dem unsaeligen man.

geselle Kâedîn, gâ dan

und legen uns an ein bette:

mînes leides des wirt wette,

3141 § B. dür B.
3142 Er] So R. frömden R.
3144 § B. Gote] Wis M, Svs B. willekâme B. Sú sprach got wilkom R.
3146 Ich BR. engesach R.
3147 Also s. R. mynneclich R.
3148 minen B. Keidin das ich han lange gemynnet d. R.
3149 3149-3162 fehlen MB. hertzeclichen synnen R.
3150 Gehabe dich wol k. R. der fehlt R. her innen R.
3151 3151-3152 fehlen R.
3153 Wenne der wachter alle myne ger R.
3154 liden g. not und s. R.
3156 ge mit mir von d. R.
3157 Und fehlt R. 1. wir u. R.
3158 d^s es H. Alles myn leit wurt w. R.

des ich lange hân gephlegen.

3160   ich wil mich alles des bewegen,

des mir dâ von geschehen kan.'

daz *süeze* wîp, der werde man

tâten jenez (wizzet ir was?).

Tristan bî den vrouwen saz:

3164a   *der kurzte in die stunde,*

3164b   *sô er beste kunde,*

3165   biz si des spiles bevilte,

daz ers nie mê spilte.

Nû muosen si sich scheiden,

daz tet wê in beiden.

si*ne* g*e*sâhen einander niemer mê.

3170   mir *tuot* noch ir scheiden wê,

swâ manz liset oder sêit,

daz einez daz ander niht vermeit,

dô es niemêr solte sîn.

Tristan unde Kâedîn

3159 1. gar 1. *R.*

3160 verwegen *R.*

3161 Das *R.* dâ von] denne *R.* beschehen *R.*

3163 *Initial* M, § *B.* gins wissent *R.* Si zwei giengen schowen (schouwen *B*) *MB.*

3164 T. saz bi den fro̊wen (vrouwen *B*) *MB.*

3164a 3164a-3164b *fehlen HR.*

3164b b. dô k. *B.*

3165 3165-3166 *fehlen MB.* si *fehlt R.* gefilt *R.*

3166 ni *H.* gespilt *R.*

3167 *Initial B,* § *R.* mûsten *B,* müstent *R.*

3168 tet *fehlt R*

3169 Si *HB,* Sô *R.* gengesahen *H,* gesehent *R.* nie einander m. *B.*

3170 Nû dût das s. *R.*

3171 Wo *R.* oder] unde *M.*

3175   sâzen ûf und riten hin.

          nû nâhet *in* ir ungewin

          unde ir lebens ende.

          si sâhen ze der *winstern* hende

          einen schœnen brunnen stân,

3180   dâ bî erbeizte Tristan

          und leit sich slâfen an daz gras.

          Nampotanîs dô *komen* was

          und vant die burc beslozzen.

          der helt unverdrozzen

3185   was gein prîse harte snel:

          er sach daz leide schapel

          vor ime in dem graben ligen.

          daz wart langer niht verswigen,

          wan biz er in die burc gie:

3190 [*149rb*] 'saget an, vrouwe, wer was hie?

          ich hânz ersehen ûf den wegen,

          ir sît bî einem man gelegen.'

3175 Sossent *R.* rittent *R.*
3176 Nû] Do *M.*, Dû *B.* in *fehlt HR.*
3177 U. ouch i. *B.* irs *B*, ires *R.* libes *M*, lives *B*, lebendes *R.*
3178 vienstern *H*, linken *B.* In das ellende / *R.*
3179 brunne *B.* Sû fundent einen burnen s. *R.*
3180 bî *fehlt R.* erbei^{z}te *B.* stristran *M.*
3181 slâfen] nyder *R.* in *R.*
3182 § *B.*
3183 burch *H.*
3185 prîse] birsen *B.* fast geil *R.*
3186 sahe *R.* leidige schappeil *R.*
3189 unz *M*, bitze *R.* burch *H.*
3190 § *B.* Sagent *R.*
3191 han *B.* dem *B.*
3192 sint *R.* manne *BR.*

'nû sluzzet ir doch die porte zuo

hiute, dô ir ritent vruo:

3195 wie kundez danne sîn geschehen?

herre, ir sult der dinge jehen,

der sich ritterlicher name

niht gein hôhem prîse schame.'

er zuctez swert und lief sî an,

3200 er sprach: 'saget, wer ist der man,

bî dem ir hiute lâget?'

mit drô sî wart gevrâget

biz s'im gar verjach,

swaz ir von Kâedîn geschach.

3205 der leitlichen vergihte

sîn herze sô erschrihte,

daz ez ime vuogete senede nôt:

'tuo her ros, ez ist sîn tôt!'

3193 § B. beslussent R. porten R.
3194 ritet M, rieden B.
3195 3195-3198 fehlen MB.
3196 solt H, süllent R. der dinge] des nit R.
3197 Das R. nam R.
3198 scham R.
3199 Initial R, § B. zoch dat B. Vor 3199 steht als Kapitelüberschrift:
Clxxix Also napotanis das swert zuckete über sin frouwe und sü ime verjach
was ir von keydin geschehen were R.
3200 Initial M. sagent an w. R.
3201 logent R.
3202 trogende wart sü R. drou HB.
3203 Unze M.
3204 Was R. Kahedine MB.
3205 Initial B. licleitlichen H. Und lieplich für geclaget und gelag R.
3206 h. do sere erschrag R. erscrihte H.
3207 ez] er R. ime fehlt MBR. groze MB.
3208 Tuo] Nu B, Balde R. h. das r. R.

er gâhte nâch im balde.

3210 nû hôrter in dem walde

lûte bellen einen hunt;

der *b*il tet ime leider kunt,

daz Tristan unde Kâedîn

bî ime nâhen solten sîn.

3215 nû gehôrte Tristan,

daz achte wol geriten man

gein ime vaste gâhten.

ê daz si in genâhten,

si wâren ê zen rossen *k*omen.

3220 'wederre iuwer hât mir *benomen*

mîner êren hôhen prîs?'

des vrâgete si Nampotanîs.

dô sprach der höfsche Tristan:

'herre, hie stânt zwêne man,

3225 die *iu* nie leit getâten,

noch muot ze tuone hâten;

3209 nah *H.* in beiden h. *R.*
3210 § *B.*
3212 þhil *H*, bal *R.*
3214 nah *B*, nohe *R.*
3215 § *B.* horte schiere T. *M*, horte ouch wal T. *B.*
3216 geritene *M*, gerittener *R.*
3217 zû im vil v. *B.* in *M.*
3219 waren si *B.* worent *R.* ê *fehlt BR.* orsen *M.* kû**n *B.*
3220 § *B.* Ur welcher h. *B*, Weller wicht h. *R.* genomen *HR.*
3222 froget *R.*
3223 § *B.* der höfsche] aber *MB*, der höffelich *R.*
3224 wir sin *MB.*
3225 iuh *H*, uch *B*, ùch *R.*
3226 N. mit ùch zù tunde h. *R.*

170

und sol uns daz helfen iht,

[149va]   kein leit uns danne von iu geschiht.'

'ich hân vernomen diu mære,

3230   der ist mîn herze lære

hôher vröude iemer mê.

ouwê, ich lasters sieche, ouwê,

wie wê mir mîn laster tuot!

ich wil lîp unde guot

3235   umbe iuwer zweier lebn gebn,

durh iuch wil ich geben mîn lebn:

niht suone hie geschehen mac.'

er zuctez swert, einen grôzen slac

er ûf Kâedînen sluoc.

3240   Tristan im daz niht vertruoc,

er sluoc ime eine wunden starc,

dâ diu brust daz herze barc.

ich wæne, diu wunde alsô geriet,

daz er daz herze enzwei geschriet.

3228 Dehein M. danne] do R. iu *fehlt R*. geshit *H*.
3229 *Initial MB*. diu *fehlt B*.
3230 Des R. h. so l. B. sware M, swere BR.
3231 3231-3236 *fehlen MB*. freiden R.
3232 mir laster sůchen R.
3233 mîn] von R.
3235 gebn *fehlt R*.
3236 Und wil durch úch myn leben geben R.
3237 Dat niht sůnen B, Und nit sumendes R.
3238 ein MB.
3239 keidin do s. R.
3240 niht *fehlt R*.
3241 sluge H. ein R. wunde B. strac H.
3242 verbarck R.
3243 gerieth H.
3244 e. ime d. R. geschrieth H, schriet BR.

3245   der wunden er dâ tôt gelac.

Kâedîn der wer dô phlac

und sô leitlicher site,

den daz ende volget mite:

er lac jœmerlîchen tôt.

3250   Tristan in vil grôzer nôt

muose al eine belîben dô;

sîn strît der gedêch alsô,

daz herter strît nie wart gesehen

noch niemer mêre kan geschehen:

3255   dannoch ir siben wâren,

die sîns lebens kunden vâren,

der sluoc er drî in kurzer stunt.

die *viere* sô sêre wurden wunt,

daz er vor in sicher was.

3260   mich müet, daz Tristan niht genas!

ein ritter vaste gâhete her

mit eime gelüppeten sper.

3245 § *B.* do *M*, dû *B.*   gelach *H.*
3246 der] keiner *R.* da phlach *H.*
3247 Hin al nah dem s. *B*, Und pflag so leiterlich sitten *R.*
3248 Als der dem d. *B.* Denne *R.* v. in mitten *R.*
3249 Wan er *B.*
3251 Müste *R*, Mûste *B.*
3252 Und was gar unfro *R.*
3254 mêre *fehlt R.*
3255 worent *R.*
3256 sin *MB.* lebens] *fehlt M*, ouch *B*, libes *R.*
3257 Der] Es *B*, Dot *R.* sluc *H.* er] ir *B.* kurtzer *H.*
3258 weren *H.*   so sere so wurdent *R.*
3259 van *B.* i. wol s. *R.*
3260 müet *H.* trista *B.*
3261 *Initial MB.* gahte vaste *B.*

er stach Tristande einen stich.

Tristan verstuont dô sich,

3265 daz er was tôtlîchen wunt

[149vb] unde sterben im muose werden kunt.

Tristan sluoc daz sper enzwei,

dô erz ûz ime zucte, vil lûte er schrei.

daz stücke er in den ritter schôz,

3270 dâ von warder lebns blôz:

vornân în und hindan durch,

er ier durch in des tôdes vurch.

Tristan grôzes leides phlac,

dâ Kâedîn dô tôter lac.

3275 er huop ûf den tôten man,

er truoc in über den rücke dan.

ûf sîn pherit leit er in,

den tôten vuorter mit im hin --

hin in die stat ze Karke.

3280 dâ begunden klagen starke

3263 tristanden B, tristan R.

3264 Tristan] Sa zehant M, Alzehant B.   do] er MB.

3265 e. do w. R. dotlich R.

3266 im (ime R) sterben MBR. mûste B, müste R.

3267 § B. sprenzwei, darüber e M.

3268 E zuchtez uz v. M, Er zucte id uz v. B.

3269 in den ritter] wider R.

3270 w. des l. B.

3271 Vorne M, Vor B. hinden MBR. h. usz do d., do ausgestrichen R. durh H.

3272 E. braht in in B. jagete in durch R. tode R.

3273 Initial B. phach, darüber l M.

3274 Dâ]Dô B. da MB. K. vor vme dot gelag R. dot B.   3275 hub H.

3276 Er] Und R. truge H. rucken von d. R.

3278 t. man v. R. mit im fehlt R.

3279 Hin fehlt B. die fehlt H.   karck R.

3280 begunde M, begunde er k. R. starck R.

Junge unde alte, gar diu diet:

sîn tôt si gar von vröuden schiet.

der herzoge und diu herzogîn,

den mohte leider niht gesîn

3285   umbe ir herzeliebez kint.

ich waene, diu liute noch hiute sint

leidic umbe ir vriundes tôt.

sich gehabete diu wîzgehande Ŷsôt

leitlîche umb den werden man.

3290   dô si bevant, daz Tristan

hœte ze dem tôde einen stich,

ir klage wart sô jœmerlich,

daz ir daz herze sô erschrac,

daz si unversunnen lac:

3295   si hœte von wêwen ungehabe.

Kâedîn der wart zem grabe

mit grôzem leide getragen.

von vriunden was dâ michel klagen,

3281 Jung R.   alt H.   diu] diet H.
3282 si] stich P.
3283 Initial B.
3284 nemahte M.   möchte es 1. R.   3285 herceliebes H.
3286 hiute fehlt R.
3287 leidech M.   irs B, ires R.
3288 gehielt B, gehûp R.   wise gohende R.
3289 Sû claget clegelich u. R.
3291 ein BR.
3293 Initial M.   erscrach H.
3294 s. vil u. B.
3295 von wêwen] groz M, groze B, von weben R.
3296 § B.   der fehlt B.   zegrabe M, zû grabe B.
3297 M. vil g. R.   jamer MB.

dô man den ritter werde

3300 bevolhen hât der erde.

Bô schieden sich von dannen

wîbe unde mannen.

geschach nie wirs an keinem man?

[*150ra*] nû lac der werde Tristan

3305 tôtlîchen siech unde wunt.

nû tet er sînem wirte kunt,

der was gesezzen in der stat,

den koufman er mit vlîze bat,

er sprach guotlîche ze im:

3310 'mîne bete vür guot vernim,

herzelieber Gaviôl,

du solt mir varn zuo Tintaniôl

und der küneginne sagen,

ich waene des, ich sî erslagen

3315 mit eime gelüppeten sper.

bite si durch mich komen her:

3299 werden BR.

3300 hate H, hatte B, hette R. zer B. erden BR.

3301 sich] si MB, sû R. von fehlt R. Vor 3301 steht die Kapitelüberschrift: Cl‹
Also der Ritter Keidin erslagen wart von der frouwen wegen die er bulet R.

3302 Wiben HM, Wiven B. u. ouch m. B, u. ouch die m. R.

3303 wehers R. keinem] einem M, einē BR.

3304 Initial B.

3305 Dötlich R.

3306 nû fehlt B. Er dede‹t B.

3308 koufman] wurt R. vlizze H.

3309 gütlichen B, gütlich R. ime R.

3310 Min bette du vernymme R.

3311 § B. Herzeliebe (-lieve B) MB. Min h. R.

3312 mir fehlt MB. zuo] gon R. tyntaiol M, tvntalyol B, tintayol R.

3313 Und] Du solt M, Und salt B. künenginnen B, koningin R.

3314 des] dat B, das R. sie H.

kumet si niht, sô bin ich tôt.

ich getriuwe des vil wol Ŷsôt,

sine lâze mich niht sterben,

3320   mac si mirz lebn erwerben.

der bete solt du dich vlîzen.

einen segel wîzen

zeige ob si mit dir kumet,

ir *kunft* mir ze lebene gevrumet.

3325   ob du ir niht bringen maht,

Gaviôl, sâ habe daz in der aht,

sô lâ den segel swarzen wesen.

wilt *du*, sô bin ich genesen,

wilt *du*, sô bin ich vervarn.'

3330   'swâ ich iuwer *leben* mac bewarn,

daz t*uo*n ich gerne, herre mîn.

ich wirbe hin *zuo* der künegîn

iuwer bet unde iuwer gebot.'

'nû var den wec und sô dir got!

3319 Sû enlat *R.* lazze *H.*
3320 mir *R.*
3321 beden *B.* vlizzen *H.*
3322 Mit eime segele *B.* wizzen *H.*
3323 *Initial M.* mit dir] nit *R.*
3324 zelebene (zû levene *B*) mir *MB.* leben fromet *R.*
3325 ir] mir si *B*, sû mit dir *R.* niht *fehlt R.* b*ringen *H.*
3326 Gaviol *fehlt B*, Gariol *R.* so *M*, So *B.* daz *fehlt B.* diner *BR.*
3327 Sô] Und *B.* swarz *B*, swartz *R.*
3328 tu *H.*
3329 tu *H.* 1. ouch v. *B.*
3330 § *B.* Wo *R.* legen *H.*
3331 gerne *fehlt R.*
3332 werben *BR.* hin *fehlt B.*
3333 und] da bi *B.*
3334 § *R.* var *fehlt B.* den] hin *R.* und sô dir] er mit *B*, durch *R.*

3335   *k*um sô du schiereste megest:

swaz du schaden dar ûf gelegest,

zwivalt ich den gilte.'

     den *k*oufman niht bevilte

durh in keiner arbeit:

3340   er was schiere bereit.

gein Tyntaniôl vuor er sâ.

[*150*^{rb}]   er vant die küneginne dâ,

er seit ir als man ir enbôt.

der mære leidec wart Ŷsôt,

3345   wan wîp nie mê keinen man

sô rehte lieben gewan.

Ŷsôt sprach: 'swaz mir geschiht,

ich bin diu Tristanden gesiht.

trac diu mære verborgen,

3350   Gaviôl, ich *k*ume morgen

rehte sô der *tac* ûf gât.'

'liebiu vrouwe, deist niht rât,

3335 3335-3340 *fehlen* MB. Und k. R. schierer R. mogest H.
3336 Was R.
3337 den] dir R. gilte *aus* gelte *verbessert* H.
3338 koufman] wurt R.
3339 keiner] kerte er in R.
3340 w. vil s. R.
3341 tintaniole M. **er sâ**] er so H, iesa B, er do H.
3342 künenginnen B, koningin R.
3344 meren wart leidich B. Tot und l. R.
3345 3345-3346 *fehlen* MB. mê *fehlt* R.
3346 liep nye g. R.
3347 *Initial* B. wat B, was R. dir R.
3348 tristan R. siht M, sieht B.
3349 Drac H.
3350 kûmen B.
3351 tac *fehlt* H.
3352 § B. des is B. niht] min R.

irn traget die salbe mit iu dan,

der genese Tristan.

3355 Brangænen vüeret dan mit *iu*,

der *herze* ist reine und getriu.'

'Brangæne *muoz* belîben hie:

sô leider tôt geschach mir nie,

als an Brangænen mir gescha*ch*.

3360 ir was sô leit mîn ungemach,

daz si des leides tôt gela*c*.

nieman ich gevü*e*ren ma*c*:

ich wil eine varn dâ hin.

beidiu mîn herze und mîn sin,

3365 niemer liebe den geschiht,

ê daz Tristânen mîn ouge siht.'

nû hæt Ŷsôt von Karke

des *koufmannes wîp* vil starke

gebeten sô daz geschehe,

3370 daz si *sich* des versehe,

3353 diu *H*. salben *M*. Ir tragent m. *R*.
3354 Das *R*. genesen *HBR*. g. möhte her T. *B*, g. müge T. *R*.
3355 Fürent mit ûch brangene / *R*. iuh *H*.
3356 h^s re *H*. ist] ich *R*.
3357 § *B*. Mûsz blîben brangene h. *R*.
3358 tôt] so *R*. gesch *M*.
3359 *Initial M*. Alsz *R*. brangene *R*. geschahc *H*.
3361 gelach *H*.
3362 mach *H*.
3363 alleine *R*.
3365 dem *R*.
3366 ê *fehlt B*. dasi *H, fehlt M*, Biz *B*. tristan *R*. gesicht *R*.
3367 *Initial B*, § *R*.' karck *R*. 3369
3368 wurtes *R*. starck *R*. geschahe *M*.
3370 Daz] So *MB*. sich *fehlt H*. versahe *M*.

daz komen solte der koufman:

'dîne triuwe zeich dar an,

daz tuo mir ê der zît bekant,

daz daz schif kom an daz lant.'

3375   'zwâre, vrouwe, daz tuon ich.'

nû hœte ze der verte bereitet sich

Ŷsôt, diu bêle blunde.

in vil kurzer stunde

in die habe si quâmen;

3380[*150va*]dô diu liute daz vernâmen,

daz si quâmen ze lande,

Ŷsôt diu wîzgehande

an Tristâhen iesch daz botenbrôt,

ez wære komen sîn Ŷsôt.

3385   'vrouwe, nû ruoch mich wizzen lân,

wie der segel sî getân.'

'der ist swarz als ein kol.'

diu wîzgehande tet niht wol,

<hr>

3371 sule *M*. wurt schir *R*.
3372 Dîn *R*. z. mir d. *MB*, z. denne an mir / *R*.
3373 dû *R*. kunt *R*.
3374 Daz] E *M*, Und e *B*, Denne e *R*. kaime *R*.
3375 § *B*.
3376 § *B*. Nûn h. sû z. *R*. bereit *M*.
3377 bêle] liebe *R*.
3379 koment *R*.
3380 § *B*. Da *H*. vernoment *R*.
3381 koment *R*.
3383 tristande *B*, tristan *R*. iezh *H*, hiesch *BR*.
3384 wære] wolte *M*, wulde *B*. sîne *B*.
3385 nû *fehlt MB*.
3387 Er sol sin s. *R*.
3388 Aber die wisehande die t. *R*.

daz si im benam daz leben

3390 dô si sach ûf dem schiffe sweben

einen segel wîz als ein snê.

Tristâne daz mære tet sô wê,

er kêrte sich umb unde starp.

grôze sünde Ŷsôt erwarp,

3395 daz si in tôte âne nôt.

nû vernam diu blunde Ŷsôt,

daz ime was der tôt gegebn.

Ŷsôt gedâhte: 'ez sol mîn lebn

mit Tristâne hinnen scheiden.'

3400 disen Ŷsôten beiden

geschach nie grœzer herzeleit.

diu bâre dem tôten was bereit,

in daz münster man in truoc.

von vriunden klage dâ was genuoc.

3405 Ŷsôte zuo der bâre saz;

ir wâren man und wîp gehaz,

3389 lebn H.
3390 Sŭ sprach das sŭ sehe R. schiff R.
3391 Initial R. ein] der R. Vor 3391 steht als Kapitelüberschrift: Clxxxi Also tristan starp und uff der boren stunt und sich ysot uff die bore leit und dar uff starp vor leide R.
3392 § B. Tristan R. die BR. doten R.
3393 Initial M. starb HR.
3394 Grozze H.

3395 dottet R.
3396 Initial B.
3397 der dot was R.
3398 ez] nu B.
3399 tristan R.
3401 grozzer H.
3402 § B.
3404 Clagen van vründen w. B, clagen was do g. R.
3405 Initial B. Ysot BR. baren B, boren R.
3406 worent R.

daz si Tristanden tôte.

nû quam diu blunde Ŷsôte

zuo der bâre gegân,

3410   dâ lac ûffe ir Tristan.

dô si die bâre ane sach,

daz niht vor leide ir herze brach,

dar an geschach ein wunder grôz.

ir liehten wange si begôz

3415   mit der ougen wâge,

mit leitlîcher vrâge

vrâgete Ŷsôt Ŷsôten:

[150vb]   'wes sitzet ir bî dem tôten,

den ir, vrouwe, ertœtet hât?

3420   durch got hin von der bâre gât!

ir habet getân ein michel mort:

gêt hin dan und sitzet dort!'

'swâ ir gebietent niuwan dâ.'

Ŷsôt sich ûf die bâre sâ

3407 tristan dot *R*.
3408 § *B*.
3409 bare *M*, baren *B*.
3410 ir] der bore *R*. tristanden *R*.
3411 Da *H*. an gesach *B*.
3412 vor leide] zehant *MB*.
3414 wange *aus* wande *verbessert M*, wangen *BR*.
3415 der] ir *B*, den *R*. wâge] trehen *R*.
3416 § *B*. M. vil l. *B*. leiterlîcher frehen *R*.
3418 Was sitzent *R*.
3419 vrouwe] doch *R*. hant *R*.
3420 got *fehlt R*. hin] ir *BR*. baren *B*, boren *R*. gant *R*.
3421 *Initial M*. hat *B*, hant *R*. begangen einen grossen m. *R*.
3422 Gont hinnan u. sitzent *R*.
3423 Wenne *R*. gebiet *M*, gebiedet *B*. niuwan] nit mer *R*.

3425 leite und nam ir ende --

niht diu wîzgehende,

ez was Ŷsôt diu blunde.

ich wæne, ieman vunde

under allen wîben nû ein wîp,

3430 diu dem tôde gebe ir lîp

durch ir herzelieben man:

Ŷsôt unde Tristan

durch einander lâgen tôt.

mich erbarmet noch diu selbe nôt,

3435 daz in ir triuwe daz geriet,

daz si von dem lebene schiet.

  nû hæte der künec Marke

vil schiffe und manege barke

brâht durh gæhte ûf den sê.

3440 dem tet Ŷsôten tôt sô wê,

daz er kûme lebete.

dô er ûf dem wâge swebete,

3426 Owe der missewende *MB*.
3427 *Initial B.* Ez was] Alsus warp (warf *B*) *MB*.
3428 nyeman *R*.
3429 nû] nit *R*.
3430 Diu] Mit *R*. **gabe** *M*. iren *BR*.
3431 irn *B*, *fehlt R*. herzen lieven *B*, hertzen lieben *R*.
3432 u. ouch T. *R*.
3433 logent *R*.
3435 gerieth *H*.
3436 Daz] Diu *M*, Die *B*. leben *R*. schieth *H*.
3437 *Initial B*, § *R*. chunc *M*. marck *R*.
3438 schiff *R*. manig arck *R*.
3439 Brach *H*. durh] dort *R*. gahte *H*, gahen *MB*, gohen *R*.
3442 Da *B*.

ime wart gesaget mære,

daz tôt Ŷsôte wære

3445 und sîn neve Tristan.

nû vrâgeter den selben man,

wie ir ende wære komen.

'herre, habt ir niht vernomen

wâ von si diu minne twanc?

3450 ez *schuof* ein unsælic tranc,

daz gap Ŷsôten m*u*oter ir.

daz *trunken* si von durstes gîr

unde minneten einander iemer mê.'

'ouwê mir ie*m*er unde ouwê!'

3455 Marke ,*jæ*merlîchen sprach,

[*151*^*ra*] 'dô diu unsælde in geschach,

daz mir daz nieman seite!

in grôzem hazze ich *des* heite

Tristânen âne schulde:

3460 unsers herren gotes hulde

3443 Ir R.
3444 vsot dot B. Von frômden lûten herre R.
3445 siner swester sûn T. B. Von sînem nefen T. R.
3447 er R.
3448 hat B. Der man sprach herre habent R. niht *fehlt* R.
3450 Er R. auf H. unseliger R.
3451 Den R. mutter H.
3452 drunken H.
3453 *Initial* M. mynnetent R. iemer *fehlt* R.
3454 § B. mir *fehlt* R. iemmer H, nu M, und we mir B, jomer R.
3456 u. imer (iemer B) we *MB*.
3458 im B.
3458 In vil g. R. grozeme B. des] das *HR, fehlt MB*. houbete R.
3459 Tristan R.

ich **niemer** mê gewinnen kan.

ouwê Ŷsôt und Tristan,

wan vunde ich iuch noch lebende,

ich *waere iu* iemer gebende

3465 swes sô iuh geluste.'

Marke sluoc *zuo* der bruste

slege un*gevüege*.

'herre got, daz *vüege,*

daz ich si vinde unbegraben!

3470 ich m*uo*z iemer jâmer haben

biz an mîns tôdes ende.'

sô vaste er want die hende,

daz si m*uo*sen *krachen.*

vil weines âne lachen

3475 was under sîme gesinde.

nâch sîner swester kinde

hæter vil grôze ungehabe.

nû was er *k*omen in die habe,

3461 I. armer n. *R.*
3463 Wan] *fehlt B,* Und *R.*
3464 iuh *H,* uch *B,* ûch *R.*
3465 Wes *R.* sô] dat *B, fehlt R.*
3466 Marke] Er *MB.* sluch *H.* an sine *MB.*
3467 3467-3470 *fehlen MB.* ung*******ge *H,* ungefüge *R.*
3468 daz] du *R.*
3469 v. [unbe]tragen g. *ausgestrichen R.*
3470 iemmer *H.*
3471 Ich chlage unze an min e. *M,* Ich clagen biz an min e. *B.*
3472 So f. so w. *R.* want er *BR.* die] sin *R.*
3473 mûsten *B,* müstent *R.* brechen *H.*
3474 § *B.* weinens *MB,* weindens *R.* sachen *R.*
3475 dem *M,* deme *B.*
3477 grosses *R.*
3478 *Initial B.* an *R.*

184

gein der stat er begunde gâhen.

3480 dô er komen was sô nâhen,

er hôrte vaste liuten:

'waz sol diz liuten diuten?'

Marke wider sich selben sprach.

er quam zer kirchen unde sach

3485 die tôten ûf der bâre stân:

'ist diz Ysôt und Tristan?

ouwê, daz ich ie wart geborn!

ouwê, wie habe ich sie verlorn!

ouwê, ich armer Marke!'

3490 nû hiez er zwêne sarke

balde dar bereiten,

die sîne dar în sie leiten.

[151rb] hin ze dem schiffe man si truoc.

ich wæne, dâ leides was genuoc

3495 under gesten unde under kunden.

Marke in kurzen stunden

3479 begunder MB.
3480 komen was] kam R.
3482 sülle R. ditz H, ditze M. liuten fehlt MB. tuten HM, beduden B, bedüten R.
3483 wider] under R. selber R.
3484 zem (zûn B) munster MB.
3485 der] den R. baren B, boren R.
3486 das R.
3488 Ouwê] We mir R. sie] iuch M, uch B.
3489 Initial M. O. mir vil armen marck R.
3490 § B. Nû] Do R. scarck R.
3491 Vil balde R. B. manse [sic] d. M. dar] dû B, do R. bereite M. b. da / B.
3492 sinen R. sie fehlt R. Er selbe si drin leite (lahte sa B)MB.
3493 Hin fehlt B. sschiff R.
3494 was leides MB.
3495 Under] Von M, Van B. under] von M, van B.
3496 § B. kurtzen H.

vuor hin wider ûf den wâc,

er vuorte wîp unde mâc

mit ime gein **Kurnewâle**.

3500 waz geschæhe Kurvenâle?

Tristan gap *in* sîne hânt

beidiu *liute* unde lant,

ê er von dirre werlte vuor,

er schuof, daz ime hulde swuor

3505 sînes marschalkes kint.

allez leit daz ist ein wint,

wan daz Kurvenâl ime nam.

dô Marke ze Tintaniôl quam,

sîn leit begunder êrste klagen.

3510 er hiez die tôten schône tragen

ze dem *klôster*, dâ sîn vater lac.

daz leit ich kûme sprechen mac,

daz sich under den *liuten* huon,

dô man die tôten begruon.

3497 hin *fehlt B.*
3498 u. ouch m. *R.*
3499 *Initial R.* gein] ze *M*, zů *B*, ging
*R. Vor 3499 steht als Kapitelüber-
schrift*: Clxxxii Also der konig
marck tristan und ysot in steinen
sercke leite und sů mit yme fůrte
über mere gon kornewal und eine
rebe uff ysoten grap und den rosen
3500 stog uff tristan *R.*
§ *B.* Wiez ergienge k. *M*, Wie id
3501 ergienc *B.* geschach zů kornewal *R.*
ime *H*, ime in *B.* hette ime geben
3502 in s. *R.* sin *BR.*
3503 Vor ziten b. *R.*
dirre] der *R.* Daz ** sich hete

wol bejaget *M*, Da mit er sich
3504 wal moht bejagen *B.*
d. man im huldete und s. *R.* Het
er herzeleides niht gehabet *M*,
3505 Hetter niht herzeleides gedragen *B.*
Er schǒf (schůf *B*) im alser ware
3506 (were *B*) sin k. *MB.*
3507 daz ist] was *MB.*
3508 kornewal von i. *R.* ime] an sich *B.*
Initial B. ze] gegen *R.* tin-
3510 taniole *M.*
3511 schöne begraben *R.*
3512 Ze] In *R.* lege *R.*
3513 3512–3515 *fehlen R.*
dem volke *MB.*

3515 si lâgen niht in eime grabe:

ist ez als i'z vernomen habe,

ich *wæne*, sô wâren der grabe zwei.

vor leide weinerlîchen schrei

Marke der werde,

3520 dô man in die erde

leite die edelen tôten,

Tristanden unde Ŷsôten.

ez wâren die tôten reine

in zwêne marmelsteine

3525 harte schône geleit.

der künic grôzen jâmer leit

nâch den zwein gelieben:

sich mohte sîn herze klieben

von maneger leitlîchen nôt,

3530 die er mit *klage* im selben bôt.

[*151va*] er rief dicke lûte: 'ouwê!'

er sprach: 'sol ich nû niemer mê

3516 Id is *B.* e. das a. *R.* i'z] ich *MBR.*
3517 Ich waene *fehlt MB.* sô *fehlt R.* d. selben g. *M.* graver *B.* der grabe
    werent *R.*
3518 Vor leide] Marke *MB.* jamerlichen *MB*, jemerlichen *R.* schri *H.*
3519 3519-3520 *fehlen MB.* d. vil w. *R.*
3521 Do (Dů *B*) man 1. *MB.* dot *R.*
3522 Tristan *R.* ysot *R.*
3523 *Initial MB.* wurdent *R.* rein *R.*
3524 zwen marmelstein *R.*
3525 Vil h. *B.* schŏn *R.* gelet *M.*
3526 leit groze jamercheit *B.*
3527 3527-3546 *fehlen MB.*
3528 h. han verklieben *R.*
3530 selber *R.*
3531 růffte *R.* lûte *fehlt R.*
3532 nû *fehlt R.*

in dirre werlt iuch gesehen?

got herre, waz ist mir geschehen

3535   an disen gelieben leides?

ine weiz, wes du beides,

Tôt, wan brich mîn herze enzwei!

ouwê und heiâ hei,

mîn vröude in jâmer ist gedigen!

3540   ich sihe ze grabe ligen,

daz mir nie niht sô liebez wart.

got herre, enphâ ir hinevart

als dîner güete wol gezeme,

und si Michêl der engel neme

3545   in sîne phlege durch dîn gebot.

nû hilf mir, helfrîcher got,

daz in werde daz bezzer leben!,

einen rôsen stok, eine wînreben

hiez der künic bringen dar,

3550   er satte einz her, daz ander dar:

3534 beschehen R.
3535 In diser R.
3536 Ich enweis was do b. R.   tu H.
3537 Ton H.   Kumme dot brich mir min R.
3538 hey hev R.
3541 So mir so nye n. R.   liebers R.
3543 siner R.   zeme R.
3544 s. sant M. R.
3545 sin R.   dîn] sin R.
3546 mir fehlt R.   vil richer R.
3547 Er hete (hatte ouch B) jamerlichez leben (leven B) MB.   lebn H.
3548 rosebaum B.   r. s. unde e. MBR.   einen M, fehlt R.   reben, darüber win M.
3549 koing R.   gar MB, aus dar verbessert M.
3550 satzte MB, satzete R.   her] dar R.   dar] har R.

die reben ûf daz reine wîp,

die rôsen ûf Tristânes lîp.

dô daz geschach, man des niht lie,

die erde warf *man* ûffen sie:

3555 daz grap wart schiere erden vol.

ouwê, daz ieman sterben sol,

der *guot* hât, schœne und *jugent*,

edele zuht und ganze tugent.

an Tristâne daz allez was,

3560 swaz man von ritter ie gelas:

dô engewan nie ritteres ritterschaft

an lobe lobelîcher **kraft**.

    Tristânes leben ich krœne,

er was zühtic unde unhœne,

3565 getriuwe unde milte.

wie lützel in bevilte,

swâ er solte erwerben prîs.

[151*vb*] er was hövesch unde wîs.

3551 reve B, rehe R.
3552 tristandens R.
3553 3553-3576 *fehlen MB.* des *fehlt* R.
3554 warffeman (*aus* warfieman?) H. uff R.
3555 was R.
3557 jugu** H, jugūt R.
3558 tugunt H.
3559 tristan R.
3560 Was R. rittera R.
3561 ritter R.
3564 u. ouch u. R.
3567 Wo R.
3568 höffelich R.

ze erneste und ze schimphe

3570   hœ ter guote gelimphe.

ahî! wie manege guote tât

Tristânes lîp begangen hât

ûf turneie unde in strîten,

ez enwas bî sînen zîten

3575   niemans prîs sô wol zelobe:

andern prîsen swebeter obe.

ine gehôrte nie bî mînen tagen

weder gelesen noch gesagen

von sô wol gelobetem man,

3580   als was der werde Tristan.

heite in daz tranc der minne

niht brâht ûf unsinne!

daz krankte in dicke an êren:

diu Minne kan wol lêren

3585   vröude und herzenôt.

wer vernam sô jœmerlîchen tôt

3570 guten R.
3571 Alhie R. manig gût getat R.
3573 turnyeren R. in fehlt R.
3575 wol] vil R.
3576 brieffen R.
3577 Ich BR.
3578 gelesen] gesingen MB.
3579 gelohten MB, gelobeten R.
3581 Het M, Hette BR. der tranck R.
3582 brahten B.
3583 krencte B, krenckete R. dike H. in dicke] sû R.
3585 vreiden und hertzen n. R.
3586 v. ye s. R.

an zwein gelieben ie mê?

mir *tuo*t noch ir sterben wê,

wan si stu*r*ben beide

3590   von rehtem herzeleide.

wolte got, solte er noch lebn,

dem man sô hôhez lop m*uo*z gebn!

ich bin dem tôde gar gehaz.

war umbe *tuo*t unser herre daz,

3595   daz er die vr*u*men hin nimet

unde *in* der bœsen niht gezimet?

zwâre daz ist wunderlich!

ich von Türeheim Uolrich

lieze tûsent bœse sterben,

3600   ê einen vr*u*men verderben.

Swer hât lîp unde guot

und sô mit den beiden tuot,

daz im ez diu werlt hât verguot,

den hât sælde wol behuot:

3588

3589 noch *fehlt* R.

3589 3589-3592 *fehlen* MB.   storben H, sturbent R.   3590 herceleide H.

3592 Den R. müst R.

3593 gar] sere R.

3595 vromen H. v. gar h. MB. hinnan R.

3596 in] din H, ime R. die R.

3598 turheim o͝ lrich M, tûrhevm ülrich B, truwen kein verbrich R.

3599 L. er t. R. bosen M, böser R.

3600 Ê. ich e. R. v. liesz v. R. vrûmen H.

3601 *Initial* MB. Wer R.

3602 in heden R.

3603 3603-3604 *fehlen* MB. im *fehlt* R. h. von ime v. R.

3604 saelde] got R.

3605 [152ra] swer rehte kan mit guote lebn,

beidiu haben unde gebn,

entriuwen der ist ein sælic man.

Ŷsôt unde Tristan

dannoch minne phlegen,

3610 dâ si in der erde legen.

nû vernement in welher aht:

diu rôse und diu rebe sich vlaht

zesamen in der erden.

'wie kunde daz iemer werden?'

3615 sprechent genuoge,

'ez ist ein unvuoge,

ob sich tôten minnent

unde iemer an einander gesinnent.'

3605 Swer] *fehlt M*, Dat er *B*, Wer *R*. rechte *H*. r. da mit k. *MB*. mit
3606 guote *fehlt MB*. gût *R*. geleben *M*.
3607 halden *B*.
3608 Entriuwe *H*.
3609 § *B*. u. ouch T. *B*.
3610 minnen *B*. phlagen *M*, plagen *B*, pflogen *R*.
3611 Do *M*, Dâ *B*. erden *BR*. lagen *MB*, logen *R*.
3612 N. si v. *R*. vernemet *MB*, vereinet *R*. welher] der *R*.
3613 Der rosen busch *MB*. und *fehlt MB*. reben *B*. rosen und reben sich
in ein v. *R*.
3613-3627 *fehlen MB, dafür*:

M: Beidiu in einander	B: Beide in einander
Mit ernst alsus bevander	Mit ernste alsus bevander
Marke disiu mære	Marke diese mere
Daz ez ein warheit ware	Dat id ein warheit were
Daz benam im siner froden vil	Dat benam im siner vröuden vil

3614 daz] es *R*.
3615 gnûg *R*.
3616 unfûg *R*.
3617 s. die t. *R*.
3618 ander *H*.
3619 vûr *H*.
3620 aldâ her] alle *R*.

ez ist vür die wârheit

3620 dicke aldâ her geseit,

daz ez in zwein geschæhe.

ob ich des nû jæhe,

daz ich ez hœte gesehen,

sô müeze ich unrehte jehen.

3625 diu âventiure ez saget:

unprîs er dar an bejaget,

swer ez niht gelouben wil.

diz buoch daz ist der minnen zil:

rehte minnære

3630 die minnen diz mære.

wâ wart ie grœzer minnenkraft

danne an ir geselleschaft?

diu Minne erzeigete an disn zwein,

daz zwei gelieben sint in ein.

3635 sint si? jâ, ez ist mîn wân.

Ŷsôt unde Tristan

liten durh einander michel nôt:

sîn tôt was der vrouwen tôt.

<hr>

3621 in zwein] zwüschent in R.
3622 es R.
3624 müste ich für recht j. R. unrechte H.
3625 offentûre R.
3627 Wer R.
3628 daz fehlt BR.
3629 Die rehte B, Recht R.

3630 Die] Sulen M, Solen B. mynnent dise R. ditze M.
3631 grœzer fehlt R. mynnecrafft R.
3633 3633-3670 fehlen MB. Minne fehlt R. zwein] zeichen R.
3634 zwei] dise R. geliebe R.
3635 s. es j. R.
3637 Littent R.

nû *mü*eze sich got erbarmen

3640 über di*u* geli*e*ben armen

und nemes in sîn rîche,

des wünsche ich in inneclîche.

[*152*^rb] si *wæ* ren rîche in der werlt,

h*æ*te si gelân der minnen gelt.

3645 diu Minne in j*æ* merlîchen galt.

ine weiz wes Ŷsôt engalt,

daz Tristânes tôtlich*iu* wunde

ir niht zelebene gunde.

wâ wart ie gr*œ* zer triuwen schîn,

3650 danne hât Ŷsôt d*iu* künegîn,

daz si von der werlte schie*t*,

als ir herzeleit geri*et*?

mich erbarmet noch ir sterben.

nû lâze si got erwerben

3655 sîn rîche, des sint si wol wert:

swâ triuwe an triuwe triuwen gert,

3639 3639 f. *vertauscht R*.
3640 geliben *H*.
3641 rich *R*.
3642 Das *R*. inneclich *R*.
3643 waren *H*. worent rich *R*.
3644 Hettent sû allein g. *R*. mynne *R*.
3645 in] ist *R*.
3646 Ich enweisz *R*.
3647 dotlichen wunden *R*.
3648 zů leben gunden *R*.
3649 Do enwart nye g. *R*. truwe *R*.
3650 Den ysot hette *R*.
3651 schieth *H*.
3652 gerieth *H*.
3655 rich *R*.
3656 Wo *R*. truwen truwe *R*.

den sol got genædic wesen.

swelhe vrouwen an disem *buoche lesen,*

die suln mir wünschen heiles

3660   und danken mir mîns teiles,

des ich dar an gesprochen hân:

ich hân ez durh einen man getân,

der ist wol aller êren wert.

sîn herze hôhes prîses gert:

3665   er denket spâte unde vruo

niuwan wie *er* wol getuo

und sich geliebe der werlte.

got gebiet ir, daz im zelte,

der er vil gedienet hât.

3670   sîn lebn an ir gnâden stât.

   nû hœrent, wie Marke gevuor:

ûf den heilegen er swuor,

er wolte ritterlîchez lebn

gote ûf sîne gnâde *ergebn,*

3657 got] der herre R.
3658 Welle R. disn H. buoche lesen *fehlt H.*
3659 süllent R. heiles vil R.
3660 *fehlt R.*
3661 haben vil R.
3662 *Diesem Vers folgt in R:* Der do was gar wol getan.
3663 wol aller] aber R.
3664 *Explicit R.*
3665 spete H.
3666 er *fehlt H.*
3671 *Initial B.* horet MB. wi H.
3674 gebn H, geven B.

3675   daz er verküre ir schulde,

ob si wider sîner hulde

ichsiht hæten getân.

Ŷsôt unde Tristan

er begunde ein klôster machen

3680   mit rîlîchen sachen:

[152va]   er gap dar gar sîn eigen,

manegen rîchen leigen

er dem goteshûse gap.

er hiez daz münster, daz diu grap

3685   stuonden drinne in mitten.

die mûræ re begunder biten,

daz siz alsô worhten.

Marke was mit vorhten,

wenne der tôt quæme

3690   unde im daz lebn næme.

er vastet und gebette vil:

er tet, als der zegnâden wil,

3675 vurkure *H*.
3676 Ob] Swa *MB*. sin gehulde *B*.
3680 M. vil r. *B*.
3681 gar] in *B*.
3682 Unde (Und *B*) m. *MB*. ritterlichen *B*. leien *H*.
3683 *3683-3712 fehlen MB, dafür:* (Initial) Er warp nach gots hulden / In beiden umbe ir schulden *M*, Er warf nah godes hulden / In beiden nah ir schulden *B*.
3686 bieten *H*.
3687 wrhten *H*.
3689 der tot der tot *H*.

swenner vert von hinnen,

ime unde in gewinnen

3695 wolter daz êwige lebn.

man sach den rôsen und den rebn

ob dem grabe gevlohten,

daz si niht harter mohten

an anderiu sîn gewunden.

3700 niemêr hât bevunden

sît diu werlt êrste wart,

daz zwei nâch ir hinvart

einander minneten alsô.

die mûrære wâren getriuwe dô.

3705 wô wart ie triuwe alsô grôz?

aller triuwen übergenôz

was der werde Tristan,

des sol man in geniezen lân:

ob er noch ist zehelle,

3710 daz in got dannân zelle

unde in neme in sîn rîche --

des wünschent vlîzeclîche! --

und die küneginne Ŷsôt,

der ir triuwe daz gebôt,

3695 ewege H.
3703 Ein ader H.
3713 Half er wegen hinze gote (hin zû gode B) MB .
3714 Er was in sime gebote M, Er levede wal nah sime gebode B.

3715   daz si nam gaehez ende.

mit sîner zeswen hende

muoz er vüeren si ûz nôt.

waz Tristan unde Ŷsôt

[152vb]   erliten, daz habt ir gar vernomen.

3720   got lâze uns in sîn rîche komen,

swenne wir varn von hinnen,

daz wir der helle entrinnen

und si niemer versuochen.

got sol uns beruochen

3725   mit sîner reinen güete

und staete unser gemüete,

daz wir verdienen sînen segen,

und sô der engel solle wegen

alle unser missetât

3730   unde uns enphâhe sîn trinitât.

Amen!

3715
3716 gahes *H*. Unze an sines libes e. *M*, Biz an sins lives e. *B*.
3717 Ane misewende *M*, Gar ane alle missewende *B*.
3719 Got helfe unz allen och u. *M*, **tot** helfe uns allen u. *B*.
3720 Erlieten *H*. hat *B*. gar]wol *M*, wal *B*.
3721 an *B*.
3722 scheiden *B*.
3723 hellen *B*.
3726 n****er *B*.
3728 unse *B*.
3729 Und *fehlt MB*. So uns d. *B*.
3730 unse *B*.
3731 Unde] Daz *M*, Dat *B*. enphahe *M*, entpha *B*.
Amen Amen *M*.